checkpilot™ Verlag, Kottingbrunn
© Hans-Georg Rabacher

Cover & Illustrationen: Liana Akobian
www.lianaakobian.com
Lektorat & Korrektorat: Melina Streckert
www.buchstabengarten.com
Autorenfoto: Emil Bauer
www.emilbauer.com

Autor: Hans-Georg Rabacher
www.checkpilot.com
crew@checkpilot.com

ISBN: 978-3-903355-03-3 im Buchhandel
978-3-903355-05-7 exklusiv bei Amazon

INHALT

PLANUNG & ORGANISATION

DAS FLUGZEUG

FLIEGEN & UNTERHALTUNG

NAVIGATION & COCKPIT

WETTER & TURBULENZEN

FLUGBEGLEITER & PILOTEN

SICHERHEIT & WOHLFÜHLEN

Vorwort

Man sollte meinen, eine Reise mit dem Flugzeug sei längst nichts Ungewöhnliches mehr. Jedoch ist die Mehrheit der Menschen bis heute nie geflogen. Viele träumen noch davon, eines Tages die Welt aus der Vogelperspektive zu betrachten und die Geheimnisse des Fliegens zu lüften. Doch auch für jene, die regelmäßig ein Flugzeug besteigen, sei es aus beruflichen Gründen oder um die Welt zu entdecken, hält die Luftfahrt eine Fülle an faszinierenden Themen und spannenden Fragen bereit, die es zu beantworten gilt.

Bereits der Flughafen als eine Art funktionale Kleinstadt ist ein Ort, an dem zahlreiche Handlungen anders ablaufen, als sie uns im täglichen Leben geläufig sind. Für die einen ist die Ankunft am Terminal gleichbedeutend mit dem Beginn einer wundervollen Reise, andere hingegen empfinden das nie abreißende bunte und hektische Treiben als ein unangenehmes Übel, das man lieber rasch hinter sich bringen möchte.

Mit dem Flugzeug unterwegs zu sein weckt eine Vielzahl an Emotionen, die unterschiedlicher nicht sein könnten. Diejenigen, die Genuss am Fliegen haben, können während der Flugreise pure Lebensfreude empfinden. Ein Sitzplatz am Fenster ermöglicht es, die Welt von oben zu betrachten. Mit einem erfrischenden Getränk und einer guten Mahlzeit lässt sich die faszinierende Aussicht entspannt genießen. Nirgendwo sonst kann man Wolkenformationen aus nächster Nähe bestaunen oder einen weitläufigen Blick über ganze Landschaftsformen hinweg gewinnen.

Aber nicht alle Fluggäste fliegen gerne oder fiebern dem Start entgegen. Bei manchen Menschen ruft eine Flugreise Sorgen und Unbehagen hervor. Besonders flugängstliche Reisegäste leiden häufig unter dem Gefühl, während des Aufenthaltes an Bord hilflos ausgeliefert zu sein. Dabei ist kein blindes Vertrauen in die Fluggesellschaft nötig, denn eine Landung ist kein Zufallsprodukt, sondern eine Routinehandlung der Cockpitbesatzung. Das Wissen über die Abläufe hilft, den Wohlfühlfaktor beim Fliegen zu steigern, unabhängig davon, wie häufig geflogen wird.

Ein Flugzeug ist ein Ort der Begegnung und der Geselligkeit. Eine Reise verbindet nicht nur, sie schafft Raum für ein Zugehörigkeitsgefühl an Bord und lässt Menschen unterschiedlicher Herkünfte und Kulturkreise zusammenrücken. Andererseits genießen einige Flugreisende das Alleinsein als eine Art Auszeit über den Wolken. Dem Alltag zu entfliehen gelingt in ruhiger Atmosphäre besonders gut, etwa durch das Lesen eines langersehnten Buches. Die Aufenthaltsdauer an Bord kann somit als Kontrastprogramm bewusster erlebt und wahrgenommen werden.

In den Jahren meiner beruflichen Tätigkeit als Pilot habe ich die gängigsten und spannendsten Fragen der Flugreisenden gesammelt. Die jeweiligen Antworten sind in diesem Buch zusammengeflossen, um sie mit Ihnen und allen, die schon immer mehr übers Fliegen erfahren wollten, zu teilen.

Egal ob Sie einen Städte-, Business- oder Urlaubsflug planen, mit diesem Buch haben Sie einen praktischen Reisebegleiter im Gepäck. Freuen Sie sich auf interessante Kapitel, deren Inhalte sowohl Hintergrundinformationen als auch Basiswissen aus dem Flugalltag vermitteln. Ideal vorbereitet für unterwegs kann Ihr neues Abenteuer beginnen. Für Ihren kommenden Flug wünsche ich Ihnen einen angenehmen Aufenthalt an Bord, eindrucksvolle Momente sowie eine gute und sichere Reise!

Ihr Pilot
Hans-Georg Rabacher

Am Flughafen

✓

Die Flughafenkennung

Wenn Sie sich mit dem Flugzeug auf Reisen begeben, haben Sie
sich vielleicht schon das eine oder andere Mal über die Flughafen-
kennung gewundert, die keinen rechten Sinn ergeben will. Jeder
Flughafen hat eine individuelle Kennzeichnung, die international
gültig ist. Diese Codierung dient dazu, sicherzustellen, dass alle
Passagiere samt ihrem Reisegepäck auch dort ankommen, wo sie
hinwollen.

Die sogenannten »3-Letter-Codes« sind für Flugreisende das sichtbare Erkennungszeichen ihrer Ab- und Ankunftsflughäfen. Diese
drei lateinischen Buchstaben werden von der *International Air
Transport Association* (IATA), dem Dachverband der Fluggesellschaften, für alle Flughäfen vergeben. Sofern möglich, werden die
Anfangsbuchstaben einer Stadt in der englischen Schreibweise
verwendet.

So kommt der Flughafen *Miami* in den USA zu seiner Abkürzung
»MIA«, *Frankfurt* in Deutschland zu »FRA«, *Singapore* (Singapur)
als Stadtstaat zu »SIN«, *Sydney* in Australien zu »SYD« und *Cairo*
(Kairo) in Ägypten zu »CAI«.

Sollte eine Kombination bereits vergeben sein, kann es zu einer
rein zufälligen Anordnung kommen. Zunächst wird jedoch ver-
sucht, einzelne Buchstaben aus dem Namen des Zielorts zu
verwenden. Als Beispiele eignen sich hierfür *Johannesburg* in
Südafrika mit seinem Flughafencode »JNB«, *San Francisco* in den
USA mit »SFO« und *Bangkok* in Thailand mit »BKK«.
Hat eine Stadt mehrere Flughäfen, verhelfen auch regionale
Bezugspunkte oder die Initialen bekannter Persönlichkeiten, die im
Flughafennamen stecken, zu einem »3-Letter-Code«.

So verleiht beispielsweise der 35. Präsident der Vereinigen Staaten von Amerika, John F. Kennedy, einem Flughafen in New York seinen Namen und die Kennung »JFK«. In Frankreich ist der Pariser Flughafen mit der Abkürzung »CDG« nach dem ehemaligen französischen Staatsmann Charles de Gaulle benannt.

Neben den »3-Letter-Codes« finden innerhalb der Flugbranche auch »4-Letter-Codes« Anwendung. Diese werden von der *International Civil Aviation Organization* (ICAO), der Internationalen Zivilluftfahrtorganisation, zugewiesen und sind für eine weltweite Vernetzung des Flugverkehrs unverzichtbar geworden.

Die Cockpitbesatzung auf einem Flug von Rom nach Stockholm beispielsweise, programmiert die Flugstrecke mit den Kürzeln »LIRF« nach »ESSA«. Der jeweils erste Buchstabe gibt hierbei den Kontinent beziehungsweise die Region an. Südeuropäische Staaten wie Italien sind mit einem »L« codiert, während nordeuropäischen Staaten das »E« zugewiesen ist. Nach demselben Prinzip steht das »R« für ostasiatische Staaten, das »K« für die USA und das »S« für Staaten in Südamerika.

Der zweite Buchstabe bezieht sich direkt auf das Start- beziehungsweise Zielland, »I« steht im genannten Beispiel für Italien und »S« für Schweden. Durch den dritten und vierten Buchstaben hat jeder Flughafen seine ganz persönliche Identifikation. So stehen »RF« für den römischen Hauptflughafen Fiumicino und »SA« für den Flughafen Stockholm Arlanda.

Luftfahrtbehörden, Fluglinien, Flugsicherungen, Flugwetterdienste sowie Herstellungs- und Wartungsunternehmen arbeiten mit diesen Kombinationen. Auf diese Art haben sich die weltweit gültigen Codes als zusätzlicher Sicherheitsaspekt etabliert, um Irrtümern vorzubeugen.

Flugzeugtypen erkennen

Für die Passagiermaschinen im Charter- und Linienverkehr gibt es nur eine überschaubare Anzahl an Flugzeugherstellern. Dafür bieten diese aber eine große Vielfalt an verschiedenen Modellen. Zu den bekanntesten Erbauern zählen unter anderem Airbus, Boeing, Bombardier, Embraer, Iljuschin, Suchoi und Tupolew.

Auf den ersten Blick sind die jeweiligen Modelle nicht einfach auseinanderzuhalten, da die Grundform jedes Flugzeuges ähnlich ist. Es sind vor allem Details, auf die es bei der Unterscheidung ankommt. Merkmale wie die Länge des Flugzeugrumpfes, die Anzahl und Position der Triebwerke, die Stückzahl der Räder und die Form der Tragflächen lassen Unterschiede erkennen. Im direkten Vergleich der beiden meistgebräuchlichen Kurz- und Mittelstreckenjets hat ein »Airbus A320« beispielsweise eine rundere Flugzeugnase als eine »Boeing B737«, deren Vorderteil deutlich spitzförmiger ist.

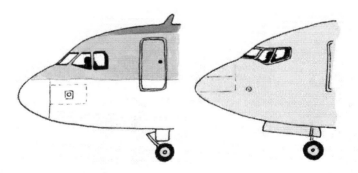

Abgesehen von äußerlichen Unterscheidungsmerkmalen können die Luftfahrzeuge in Kurz-, Mittel- und Langstreckenmaschinen eingeteilt werden. Allerdings gibt es keine international gültige Definition für die einzelnen Reichweiten, weswegen dies von Behörden, Flugzeugherstellern sowie Fluglinien stets etwas abweichend festgesetzt wird.

Im Flugzeuginneren richten sich der Komfort und die Anordnung der Sitze ausnahmslos nach den Wünschen einer Fluggesellschaft. Deswegen ist es schwer möglich, nur aufgrund der Ausstattung Flugzeugtypen voneinander zu unterscheiden. Durch den größeren Rumpf bei Langstreckenflugzeugen gibt es hier besonders viele Positionierungsmöglichkeiten der Sitzreihen.

Um bei dieser bunten Vielfalt dennoch den Überblick zu behalten, hilft ein einfacher Trick: Die meisten Fluggesellschaften haben am Flugzeugrumpf einen kleinen Schriftzug angebracht. Dadurch ist erkennbar, um welchen Maschinentyp es sich handelt. Spätestens der Blick auf die Sicherheitskarte (engl. *safety card*) in der Sitztasche vor Ihnen verrät, in welchem Flugzeug Sie Platz genommen haben.

Das Flugzeugkennzeichen

Ähnlich den Autos werden Luftfahrzeuge mit einem individuellen Kennzeichen ihrem jeweiligen Besitzer zugeordnet. Dieses befindet sich gut sichtbar, gelegentlich in Verbindung mit der National- oder Gemeinschaftsflagge (zum Beispiel der Europäischen Union), am hinteren Teil des Rumpfes. Die exakte Staatszugehörigkeit und Identifikation wird bei Verkehrsmaschinen über Buchstaben oder Zahlen festgelegt.

Da sich manche Länderkürzel aus dem Namen eines Staates ableiten, sind diese etwas einfacher zuzuordnen. So steht das »C« beispielsweise für *Canada* (Kanada). Ein in *Great Britain* (Großbritannien) zugelassenes und bei der dort ansässigen Luftfahrtbehörde registriertes Flugzeug hat die Länderkennung »G«. In Deutschland wird die Staatszugehörigkeit einer Maschine mit dem Buchstaben »D« kenntlich gemacht.
Andere Registrierungen sind auf den ersten Blick nicht nachvollziehbar. So verwenden die Niederlande »PH« als Ländercode, die Schweiz »HB« und die USA zeigen mit dem Buchstaben »N« ihre Staatszugehörigkeit bei Luftfahrzeugen an.

Wie es nach dem Anfangsbuchstaben weitergeht, regeln allein nationale Bestimmungen. Viele Länder versuchen ein für sie plausibles System anzuwenden. So tragen österreichische Flugzeuge beispielsweise die Länderkennung »OE«. Der nachfolgende Buchstabe beschreibt die Gewichtsklasse, der die Maschine zugeordnet ist. Dabei steht der Buchstabe »A« für ein einmotoriges Flugzeug mit einem Höchstgewicht von 2.000 Kilogramm. Das entspricht der Größenordnung eines Sportflugzeuges. Steht der Buchstabe »L« an dieser Stelle, handelt es sich um eine Verkehrsmaschine mit über 20.000 Kilogramm zulässigem Gesamtgewicht. Zu dieser Kategorie zählt unter anderem eine »Boeing 777-200«.

Stressfaktor Sicherheitskontrolle

Jeder Flughafen besteht aus zwei Bereichen: einer Land- und einer Luftseite. Die Landseite ist für die Öffentlichkeit auch ohne Flugticket zugänglich. Hier können Sie beispielsweise Ihre reisenden Angehörigen verabschieden oder in Empfang nehmen. Wer ein gültiges Flugticket hat, kann die Sicherheitskontrolle passieren und gelangt in den dahinterliegenden Luftseitenbereich. Dort gibt es zahlreiche Restaurants, Geschäfte und Aufenthaltsmöglichkeiten und natürlich erreicht man vom Terminal aus die Flugsteige (engl. *gates*).

Eine der Aufgaben des Sicherheitspersonals liegt darin, den unerlaubten Zutritt zum Luftseitenzugang zu verhindern. Nur Passagieren mit gültigen Reisedokumenten und Flugtickets wird der Zugang gewährt. Die Sicherheitskontrollen gelten auch für das Reinigungspersonal, Lieferdienste und die Flughafen-, Fluglinien-, und Shop-Belegschaft. Sie alle sind zum Tragen eines speziellen Lichtbildausweises verpflichtet, der über einen Magnetstreifen die Zugangsberechtigungen codiert. Der zugewiesene Arbeitsbereich wird über die Farbe des Ausweises erkennbar gemacht.

Bei der Mehrheit der Flughäfen gibt es graue, grüne, blaue, gelbe und rote Ausweise, wobei grau für die niedrigste Zugangsberechtigung steht und rot für die höchste. Alle Personen, die direkt am Flugzeug arbeiten, die also beispielsweise das Flugzeug betanken, das Gepäck verladen oder technische Überprüfungen durchführen, ebenso wie das Flugpersonal, tragen einen roten Ausweis. Um diese Zutrittsberechtigung zu erhalten, müssen regelmäßige Tests und Schulungen absolviert werden. Dabei liegt der Fokus auf dem Erlernen zahlreicher Regeln und Vorsichtsmaßnahmen, die allesamt einen reibungslosen Ablauf am Flughafen ermöglichen sollen.

Das zweite große Aufgabengebiet des Sicherheitspersonals ist es, mitgeführtes Handgepäck auf verbotene Gegenstände zu kontrollieren. Generell nicht gestattet sind Waffen, Betäubungsmittel, Spreng- und Brandstoffe. Ebenso wenig erlaubt sind Geräte, die eine Bewegungsunfähigkeit bei Menschen verursachen können oder deren technische Anwendung die Sicherheit des Luftfahrzeuges gefährden.

Das Flughafenpersonal gilt als sehr streng bei der Umsetzung dieser Regelungen. Fälschlich eingepackte Gegenstände müssen an Ort und Stelle aus dem Handgepäck entfernt und entsorgt werden. Alltagsutensilien wie Rasierer, Nagelfeilen und Scheren sind aufgrund ihrer scharfkantigen Oberflächen im Reisekoffer besser aufgehoben.
Bedenkenlos im Handgepäck mitreisen dürfen hingegen Dinge wie zusätzliches Gewand, Babyflaschen, Babynahrung, Fotoapparate, Kameras, Kontaktlinsenflüssigkeit und Medikamente in fester oder flüssiger Form.

Die straff organisierten Kontrollen sollen Flugzeugentführungen, Terrorangriffe und jedwede Möglichkeit eines Sabotageaktes verhindern. Die Verhältnismäßigkeit der Durchsuchungen wird unter Fluggästen immer wieder infrage gestellt und so sorgen diese mancherorts für Unverständnis und Ärger. Eine lange Warteschlange belastet den Geduldsfaden zusätzlich, besonders wenn es die Reisenden ohnehin eilig haben, um rechtzeitig ihren Flug zu erreichen.

Als überaus unangenehm werden die Kontrollblicke in Reisetaschen und Handgepäck empfunden. Sie sind nötig, wenn bei der Röntgenkontrolle spitze oder scharfe Gegenstände entdeckt werden, beziehungsweise das Gefahrenpotential anhand des Bildschirmes nicht sicher eingeschätzt werden kann. Obwohl manche Artikel im Handgepäck nicht für fremde Blicke gedacht sind, können Sie unbesorgt sein. Das Personal hat schon vieles gesehen und geht mit solchen Situationen sehr professionell um.

Zu guter Letzt gilt der Metalldetektor als großer Stressfaktor. Wer metallische Gegenstände bei sich trägt und vergisst, diese auf das Förderband zu legen, ruft unweigerlich die Sicherheitsfachleute auf den Plan. Viele Flugreisende fürchten den unangenehmen Signalton des Metalldetektors, der womöglich unbequeme Fragen nach sich zieht. Speziell in fremdsprachigen Reisegebieten ist die Sorge hier groß, in Erklärungsnot zu geraten.

Allerdings ist nicht jeder Alarm »echt«. Beim Durchschreiten der Metalldetektorschleuse löst ab und zu ein Zufallsgenerator aus, unabhängig davon, ob der Reisegast metallische Gegenstände bei sich trägt oder nicht. Es ist gewollt, dass der Alarm regelmäßig ertönt. Dadurch wird wartenden Personen signalisiert: »Niemand kommt hier mit verbotenen Gegenständen durch – wir finden alles!«

Dabei ist das Warnsignal für die Sicherheitskräfte überhaupt nicht ausschlaggebend. Sie achten vielmehr auf die Anzeige hinter dem Metalldetektor, die auf einer stufenförmigen Skala anzeigt, welche Menge an metallischen Objekten jemand bei sich trägt.
Ein Mobiltelefon in der Hosentasche zeigt eine ähnlich hohe Alarmstufe an wie eine verbotene Waffe. Das vorherige Leeren der Taschen und das Ablegen der metallischen Gegenstände beschleunigt daher nicht nur den gesamten Prozess, sondern spart eine Menge Nerven – sowohl bei Ihnen als auch dem Personal.

Die Sicherheitsmaßnahmen unterscheiden sich von Flughafen zu Flughafen, beziehungsweise von Land zu Land. Dies liegt daran, dass die Internationale Zivilluftfahrtorganisation ICAO ihren

Mitgliedsstaaten lediglich Mindeststandards in der Umsetzung der Sicherheitsbestimmungen empfiehlt. Darauf aufbauend kann jeder Staat geeignete Maßnahmen ergreifen, um die allgemeine Sicherheit aufrechtzuerhalten.

Bei einer akuten Bedrohungslage oder bei Routen in Risikogebiete wird naturgemäß strenger kontrolliert. Als ein Beispiel für ausgedehnte Verfahren gilt der Flughafen Tel Aviv Ben Gurion in Israel. Ankommende Privatautos, Taxis, Lastwagen sowie alle anderen Fahrzeuge passieren bereits vor Erreichen des eigentlichen Flughafengebäudes einen Kontrollpunkt. Die detailreichen Kontrollen werden nach einem Zwiebelprinzip fortgeführt und sind bis zum Einsteigen ins Flugzeug mehrstufig aufgebaut.

Metalldetektor vs. Körperscanner

Vor der Personenkontrolle sind persönliche Besitztümer abzulegen. Dazu zählen auch Mäntel, Pullover, Uhren, Ketten und der gesamte Inhalt der Hosentaschen. Um unangenehme Überraschungen zu vermeiden, ist es ratsam, sich im Vorfeld der Reise mit der Vorgabe zu verbotenen Gegenständen vertraut zu machen.

Das Handgepäck und alle mitgeführten Utensilien werden in bereitgestellten Behältern durch ein Röntgengerät geführt und genauestens durchleuchtet. Das Personal erkennt unerlaubte Objekte auf einen Blick – findet es etwas, müssen die Taschen geöffnet und die entsprechenden Dinge entsorgt werden. Sind die Mitarbeiter nicht sicher, ob sich ein unerlaubter Gegenstand im Gepäck befindet, kommt es zu einer händischen Nachkontrolle. Vereinzelt wird dabei der komplette Tascheninhalt entleert, um nichts zu übersehen.

Währenddessen müssen die Fluggäste den Metalldetektor passieren. Auf manchen Flughäfen wird zusätzlich verlangt, den Gürtel abzulegen und die Schuhe auszuziehen. Mit kalten Füßen und rutschender Hose geht es nun durch die Metalldetektorschleuse.

Dieser Durchgang erzeugt ein schwaches, im Niederfrequenzbereich arbeitendes Magnetfeld. Dadurch werden Metallmixe erkannt, wodurch Waffen oder andere gefährliche Gegenstände aufgespürt werden können. Bei ausreichender Metallmenge gibt das Gerät ein akustisches Signal ab. Die Empfindlichkeit der Schleuse wird vom jeweiligen Flughafen individuell eingestellt. Je sensibler die Geräte, desto kleinere Mengen Metall werden erkannt. So kommt es, dass auch Ringe, Piercings, Einsätze in Kleidungsstücken – zum Beispiel im Büstenhalter – und sogar Prothesen ein Signal auslösen können. Falls Sie eine Knie- oder Hüftprothese oder einen Herzschrittmacher haben, empfiehlt sich die Mitnahme des Implantat-Passes bei jeder Flugreise. Auf Zahnimplantate hingegen reagieren die Geräte nicht. Die verwendete Metallmenge ist zu gering, um vom Detektor erkannt zu werden.

Neben der üblichen Metalldetektorschleuse gibt es Flughäfen, die stattdessen mit einem Körperscanner arbeiten. Die sogenannten »passiven« Scanner detektieren die vom Körper ausgesandte Strahlung und nutzen sie, um bei sich getragene Gegenstände ausfindig zu machen. Lediglich beim »aktiven« Ganzkörperscanner wird mit einer minimalen Dosis an Röntgenstrahlung gearbeitet. Die höheren Frequenzen dieser Strahlen ermöglichen eine bessere Auflösung der Bilder und damit ein sichereres Erkennen verbotener Waffen. Allerdings ist diese Anwendung in vielen Staaten umstritten und deswegen kaum auf Flughäfen im Einsatz.

Der Barcode an der Reisetasche

Damit das aufgegebene Gepäck zielsicher seinen Bestimmungsort findet, wird es mit einer weißen Papierschlaufe versehen, auf der ein individueller Barcode aufgedruckt ist. Dieser sogenannte »Baggage Tag« ist ein Kofferanhänger aus einem reißfesten Material, der verschiedene Daten über seinen Besitzer speichert. Neben dem Abflug- und dem Zielflughafen sind eventuell gebuchte Umsteigeverbindungen ersichtlich.

Die internationale Abkürzung der Fluggesellschaft hat ebenso Platz wie die aktuelle Flugnummer. Auch der vollständige Name und das Geschlecht des Reisegastes sind aufgedruckt. Zudem ist der genaue Check-in-Schalter codiert, beziehungsweise der Standort, an dem der »Baggage Tag« ausgedruckt wurde. Des Weiteren können das Ausgabedatum und die Boardingnummer ausgelesen werden. Letztere gibt Auskunft darüber, als die wievielte Person Sie eingecheckt haben.

All diese Informationen werden in dem individuellen Barcode codiert und sowohl horizontal als auch vertikal auf die Papierschlaufe aufgedruckt. Die verschiedenen automatischen Lesegeräte der Gepäckförderanlagen können die notwendigen Daten durch die unterschiedliche Druckposition so leicht und schnell erfassen. Jede Papierschlaufe erhält ihre eigene Nummerierung und ist damit eindeutig zuweisbar.

Für Reisen innerhalb der Europäischen Union gibt es aufgrund des freien Warenverkehrs eine Sonderregelung: Aufgegebene Gepäckstücke werden mit einem grünen Streifen am Rand des Etiketts versehen. Für den Zoll lässt sich damit auf einen Blick erkennen, welche Koffer und welche Taschen aus einem Nicht-EU-Staat kommen und eventuell näher kontrolliert werden müssen.

Damit Sie im Zweifelsfall nachweisen können, dass der aufgegebene Reisekoffer zu Ihnen gehört, erhalten Sie einen Abriss des »Baggage Tag«, auf dem dieselben Informationen gespeichert sind. Am Zielort angekommen dient dieser als Identifikation bei der Entgegennahme Ihres Reisegepäcks am Rollförderband. In seltenen Fällen kann verlangt werden, diesen Abschnitt auf Nachfrage des Flughafenpersonals vorzuzeigen. Auch bei Verlust eines Gepäckstückes erleichtert dieser Abriss die Suche erheblich. Wichtig ist es, die weiße Papierschlaufe keinesfalls vor dem Zoll abzunehmen, da eine eindeutige Zuordnung von Reisegast und Gepäck damit unmöglich und die Kontrolle unnötig verkompliziert wird. Um Diebstählen vorzubeugen, sollten die eigenen Habseligkeiten niemals einer fremden Person zur Aufsicht anvertraut werden. Unbeaufsichtigtes Gepäck sowie die bewusste und vorsätzliche

Entnahme eines fremden Reisekoffers vom Rollband, können mit Geldstrafen und einem Flugverbot belegt werden. Um eine Verwechslung auszuschließen, zahlt sich eine kurze Kontrolle des eigenen Barcodestreifens aus. Schließlich könnten andere Flugreisende das gleiche Modell in derselben Farbe besitzen.

Trotz des widerstandsfähigen Materials kann die Papierschlaufe jederzeit beschädigt werden oder verloren gehen. Zusätzlichen Schutz vor Verwechslungen bieten personifizierte Kofferanhänger. Idealerweise ist hier neben Ihren Kontaktdaten auch Ihr vollständiger und leserlich vermerkter Name zu finden. Eine genaue (Wohn-)Adresse sollte sich nur im Gepäckinneren befinden, um keine Rückschlüsse auf eine gegenwärtig unbewohnte Wohnung zuzulassen.

Mein Gepäck auf Reisen

Von der Auswahl der Reisetasche bis zur Entnahme vom Rollförderband am Zielflughafen gibt es eine Menge zu beachten. Im Vorfeld gilt es abzuklären, welche Größe und welches Gewicht das aufgegebene Gepäckstück bei der jeweiligen Fluggesellschaft haben darf. Da es hier keine einheitlichen internationalen Standards gibt, unterscheiden sich diese Werte nicht nur von einer Luftfahrtgesellschaft zur anderen, sondern auch innerhalb eines Streckennetzes und je nach gebuchter Sitzplatzkategorie.

Wiegen Sie Ihren Koffer bereits zu Hause, kann Sie das vor unangenehmen Überraschungen am Flughafen bewahren. Denn wird das zulässige Höchstgewicht der Reisetasche überschritten, bringt das in der Regel finanzielle Nachforderungen mit sich. Welche Gegenstände mitgenommen werden dürfen, regeln die Einreise- und Einfuhrbestimmungen. Sie finden diese für jedes Land im Internet. Der fertig gepackte Reisekoffer sollte ohne Mühe leicht verschließbar sein, um zu vermeiden, dass das Verschlusssystem beschädigt wird.

Machen Sie vor Ihrem Reiseantritt ein Foto vom Inhalt und der Kofferaußenhülle, um später eventuell entstandene Schäden oder Verluste aufzeigen zu können. Wichtige Reisedokumente, benötigte Medikamente, der Wohnungsschlüssel und andere Gegenstände von besonderem Wert sind im Handgepäck auf jeden Fall besser aufgehoben.

Wenn möglich sollten keine Gurte, Riemen und Schlaufen am Koffer hervorstehen. Diese können leicht zu Beschädigungen am eigenen wie auch an fremden Gepäckstücken führen. Alte Barcodestreifen vergangener Flureisen sollten vor einem neuerlichen Reiseantritt abgenommen werden, da es sonst zu Verwirrung bei den computergesteuerten Gepäckförderbändern kommen kann. Vom System nicht erfasste Koffer werden einer händischen Nachkontrolle unterzogen, was zusätzliche Zeit benötigt. Im schlimmsten Fall verpasst die Reisetasche ihren Flug.

Zerbrechliche Gegenstände sollten Sie sorgfältig verpacken und schützen. Sobald der Reisekoffer beim Check-in-Schalter dem Förderband übergeben wird, steht ihm eine rasante und holprige Fahrt bevor. Die mittlere Geschwindigkeit dieser Transportbänder beträgt etwa acht Kilometer pro Stunde und kann bei neueren Anlagen im Bedarfsfall bis auf das Doppelte erhöht werden. So werden Tausende Gepäckstücke stündlich verarbeitet, sortiert und zur Durchleuchtungskontrolle geführt.

Schlagen die Systeme Alarm, untersucht das speziell geschulte Flughafenpersonal nochmals genauer. Bei Unklarheit wird der Reisekoffer geöffnet. Ein entsprechender Hinweiszettel informiert Sie hinterher darüber, was der Grund für die Durchsuchung war und welche Gegenstände gegebenenfalls entfernt wurden. Gibt es nichts zu beanstanden oder zu kontrollieren, geht die Reise zur Verladestation weiter. Bei verspäteten Flügen beziehungsweise bei besonderen Serviceangeboten wie dem Vorabend-Check-in gelangen die Koffer in ein eigens dafür vorgesehenes Lager. Von dort werden sie rechtzeitig vor Abflug vom Gepäckdienst abgeholt und direkt zum Flugzeug gebracht.

Eine durchschnittliche Beladung dauert je nach Verladetechnik und Flugzeuggröße ungefähr dreißig Minuten. Zumeist werden die Gepäckstücke in Frachtcontainern verstaut und anschließend in den Rumpf des Flugzeuges gehoben. Bei anderen Maschinentypen werden Koffer und Taschen lose in ein Gepäckabteil verfrachtet. Der Laderaum wird dann mit Netzen und Gurten gesichert. Für die Mitarbeitenden ist dies Schwerstarbeit, denn auch am Zielflughafen werden die teils schweren Gepäckstücke per Hand entladen, bevor Sie diese von den Rollbändern in der jeweiligen Ankunftshalle entnehmen können.

Familie & Haustier

Entspanntes Reisen mit Kindern

Bei einer Flugreise mit Kindern ist der Stress für die Eltern oftmals wesentlich höher als für ihren Nachwuchs. Wenn die Erwachsenen unter Druck stehen, übernehmen ihre Kinder häufig unbewusst die unruhige Haltung. So kann es leicht passieren, dass die Belastungsgrenzen bei allen Beteiligten schnell erreicht sind. Dabei lässt sich durch gezielte Vorbereitungen eine zusätzliche Beanspruchung der Nerven vermeiden, sodass alle Familienmitglieder die Reise entspannt antreten können.

Eine gute Möglichkeit, um den Überblick zu behalten, ist die Erstellung von Checklisten. Das können Pack- oder Einkaufslisten sowie die bekannten To-do-Listen sein. Hier müssen Sie für sich herausfinden, welche Listenart gut funktioniert. Hilfreich ist auch ein Zeitplan, auf dem alle Erledigungen bis zum Tag der Abreise mit der ungefähren Dauer eingetragen werden. So ist auf einen Blick sichtbar, wann was abgearbeitet sein sollte, um nicht unter Zeitdruck zu geraten.

Da der Tag mit Kindern oft nicht nach Plan verläuft, ist es sinnvoll, so viele Vorbereitungen wie möglich zu treffen. Kaufen Sie beispielsweise die Tickets für den öffentlichen Nahverkehr bereits im Vorfeld, so geraten Sie nicht unter Druck, wenn die Schlange vor dem Schalter länger ist als erwartet. Auch Parkmöglichkeiten am Flughafen lassen sich gut im Vorhinein recherchieren, sodass das nervenaufreibende Herumsuchen entfällt. Je mehr Zeit Sie für die Anreise einplanen, desto größer ist die Chance ohne Zeitdruck am Flughafen einzutreffen.
Dort angekommen gilt es zügig einzuchecken, um die schweren Reisekoffer abzugeben und passende Sitzplätze zu ergattern, sofern diese nicht bereits bei der Flugbuchung reserviert wurden.

Häufig kann ein Online-Check-in genutzt werden, der den Stress am Reisetag etwas reduziert. Auch Kindermenüs können je nach Fluggesellschaft vorbestellt werden, damit Ihre Kleinen während des Fluges gut versorgt sind. Ein sattes Kind ist schließlich glücklicher als ein hungriges. Vorsicht ist jedoch bei zuckerhaltigen Lebensmitteln geboten. Aufgrund der aufputschenden Wirkung sind diese weder vor der Flugreise noch während des Aufenthaltes an Bord zu empfehlen.

Die lange Zeit zwischen Check-in und Boarding zu überbrücken, stellt oftmals eine Herausforderung für die gesamte Familie dar. Die meist wenig Beschäftigungsmöglichkeiten für Kinder bietenden Wartehallen sorgen schnell für Langeweile. In jedem Fall sollten sich Kinder vor dem Flug ausreichend bewegen und austoben, statt auf der Flughafenbank zu warten. Langes Stillsitzen kommt im Flugzeug früh genug.

Um längere Fußwege angenehmer zu gestalten, gibt es an einigen Flughäfen einen Buggy-Verleihservice. Doch auch der eigene faltbare Kinderwagen wird selbstverständlich im Passagierflugzeug transportiert. Fluggesellschaften sehen das als familienfreundliche Zusatzleistung an und berechnen hierfür keine Extragebühren. Viele Flughäfen erlauben die Verwendung des Kinderwagens bis zur Flugzeugtüre. Und falls es nicht ohnehin vom Personal der Fluggesellschaft am Flugsteig angeboten wird, werden andere Fluggäste Verständnis dafür aufbringen, dass Eltern mit einem Kinderwagen das Flugzeug zuerst betreten. Der kleine zeitliche Vorsprung hilft, die erforderlichen Handgriffe beim Verstauen in Ruhe zu bewältigen.

Jeglicher Zeitvertreib sowie der Aufenthalt an Bord sollten so gemütlich wie möglich sein. Das Tragen bequemer Kleidung während des Fluges ist besonders für Kinder empfehlenswert. Auch kleinere Mahlzeiten und Beschäftigungen für zwischendurch, je nach Alter des Nachwuchses beispielsweise das Lieblingsspielzeug oder ein Buch, sollten im Handgepäck der Eltern nicht fehlen.

Nehmen Sie in jedem Fall warme Kleidung zum Wechseln mit, gerade bei längeren Flügen kann es durch die Klimaanlage kühl werden. Wird eine Flugreise während der Nachtstunden angetreten, können gewohnte Rituale, wie beispielsweise das Anziehen des Pyjamas, das vertraute Signal für die nun beginnende Schlafenszeit sein. Auch ein Kuscheltier hilft zusätzlich beim Einschlafen. Leider funktionieren Tricks wie diese nicht bei jedem Kind. Sie wissen dahingehend am besten, wie Sie für Ablenkung sorgen können.

Weniger zu empfehlen sind jedoch ausgedehnte Spielzeiten an elektronischen Geräten zur Überbrückung der Aufenthaltsdauer an Bord. Manche Eltern setzten dies als eine Art Belohnung ein, was zu dem ungewollten Effekt führen kann, dass sich längeres Aufbleiben zum Spielen für das Kind als besonders verlockend erweist. Digitale Beschäftigungen beeinträchtigen den natürlichen Schlafrhythmus und führen zu fehlenden Ruhephasen.

Steht der Nachwuchs der Flugreise ängstlich gegenüber, ist es wichtig, positive Assoziationen zu schaffen. Dabei hilft der spielerische Umgang mit dem Thema Fliegen. Ein Flugzeugmodell, mit dem sich das Kind bereits Wochen im Voraus vertraut macht, kann ebenso als Erklärungshilfe für den Ablauf der Flugreise dienen. Gleichzeitig kann es als Glücksbringer eingesetzt werden, auch wenn der Spielespaß vordergründig sein sollte. In jedem Fall sollten die Ängste des Kindes ernst genommen und das Kind am Tag des Fluges gut begleitet werden. Vielleicht weckt das Flugzeugmodell sogar die Vorfreude und hilft dabei, Ihrem Nachwuchs an Bord ein Lächeln ins Gesicht zu zaubern.

Fliegen mit Babys

Zwar ist jedes Kind einzigartig und in seinem Verhalten unterschiedlich, jedoch sollte in den ersten Tagen nach der Geburt von nicht notwendigen Flugreisen Abstand genommen werden. Danach hängt die Flugtauglichkeit vom Gesundheitszustand des Kindes ab.

Es gibt Fluggesellschaften, die es gestatten, ein erst wenige Tage altes Baby mitreisen zu lassen. Andere hingegen schreiben in ihren allgemeinen Beförderungsbedingungen ein davon abweichendes Mindestalter vor.

Viele Passagiere befürchten, dass ein mitreisendes Baby pausenlos schreien und damit für eine unangenehme Atmosphäre im Flugzeug sorgen könnte. Auch die Eltern selbst hoffen, dass ihnen diese harte Geduldsprobe erspart bleibt. Die Erfahrung zeigt jedoch, dass diese Sorge oft unbegründet ist. Die meisten Babys sind ruhige und tapfere Mitreisende. Meist überraschen sie nicht nur ihre Eltern, sondern auch alle anderen damit, dass sie den gesamten Flug, oder überwiegende Teile davon, gut und erholsam durchschlafen.

Für werdende Mütter sollte Folgendes beachtet werden: Bei einer normal verlaufenden Schwangerschaft stellt eine Flugreise kein Problem für die Gesundheit des ungeborenen Kindes dar. Demnach können bei den meisten Fluggesellschaften Flüge bis zur 35. Schwangerschaftswoche angetreten werden. Danach ist das Risiko eines plötzlichen Wehenbeginns beziehungsweise einer Spontangeburt für die Flugunternehmen zu hoch, sodass diese von einem Mitflug abraten oder diesen gar untersagen. Besteht eine Risikoschwangerschaft oder gibt es Anzeichen für Komplikationen, sollte auf das Fliegen gänzlich verzichtet werden.

Die jüngsten Gäste an Bord

Als die jüngsten Passagiere an Bord gelten Babys und Kleinkinder (engl. *infants*) im Alter unter zwei Jahren. Bis dahin dürfen sie auf dem Schoß der Eltern mitfliegen. Bei Verzicht auf einen eigenen Sitzplatz verlangen die Fluggesellschaften entweder keine oder eine geringe Gebühr für die Beförderungsleistung. Ein Kind auf dem Schoß sitzen zu haben, wird mit fortschreitender Flugdauer allerdings unbequem. Machen Sie sich vorher bewusst, dass diese ungemütliche Haltung zu Stress und Gereiztheit führen kann und somit einer entspannten Flugreise im Wege steht.

Die Definition für ein Kind (engl. *child*) gilt ab einem Alter von zwei bis maximal zwölf Jahren. Der Gesetzgeber schreibt in dieser Altersklasse zwingend einen eigenen Sitzplatz vor, da ansonsten weder bei Start und Landung noch bei Turbulenzen eine ausreichende Sicherheit gegeben ist. Manche Fluglinien bieten jedoch finanzielle Begünstigungen in Form von Kindertarifen an.

Kinder benötigen bei einer Flugreise eine Aufsichtsperson sowie einen eigenen Reisepass. Immer häufiger leben oder arbeiten Elternteile an weit entfernen Orten. Die Begleitung des Kindes ist in einzelnen Fällen nicht zu bewerkstelligen. Deswegen besteht für Kinder, meist ab fünf Jahren, die Möglichkeit als unbegleitete Minderjährige (engl. *unaccompanied minors*) zu reisen. Bei so einem Flug übernimmt die Fluggesellschaft die Aufsichtspflicht durch eigene Betreuungsdienste am Flughafen sowie durch die Kabinenbesatzung an Bord.

Jene Fluglinien, die diese Serviceleistung für allein reisende Kinder anbieten, verlangen dafür meist zusätzliche Gebühren. Wenn diese Art der Kinderbetreuung für Sie infrage kommt, sollten Sie sich im Vorhinein ausreichend Informationen zu den gesonderten Bestimmungen dieser Beförderungsleistung einholen.

Die Kinder selbst gewöhnen sich in der Regel rasch an diese neue Erfahrung – nicht zuletzt, da sie durch die individuelle Betreuung viel Aufmerksamkeit erhalten. Allerdings wird davon abgeraten, ein Kind bei seinem allererersten Flug allein reisen zu lassen. Bei all den Eindrücken, die es zu sammeln gilt, können Sie als Elternteil, beziehungsweise eine andere vertraute Person, dem Kind ein wertvolles Sicherheitsgefühl vermitteln und etwaige Fragen kindgerecht beantworten.

Reiselust bis ins hohe Alter

Ältere Menschen sind oftmals genauso reisefreudig wie jüngere Generationen. Im Verlauf der Jahre ändern sich jedoch Prioritäten und persönliche Betreuungswünsche. Erfahrene Fluggäste haben sich längst Strategien zurechtgelegt, um ihren Wohlfühlfaktor hochzuhalten. Doch auch sie benötigen unter Umständen weitergehende Unterstützung.

Fremde Hilfe in Anspruch zu nehmen fällt oftmals schwer. Sollte sie dennoch nötig sein, stehen Mitarbeitende des Flughafens rund um die Uhr zur Verfügung. Es ist hilfreich, sich im Vorfeld zu informieren, an welche Stelle Sie sich wenden können, um die richtige Betreuung zu erhalten. Es wäre schade, wenn durch Unwissenheit oder falsche Scham Ihre Reise ausbliebe. Zumal die meisten Sorgen sich durch eine gezielte Vorbereitung vermindern lassen.

Um nicht unter Zeitdruck zu geraten, empfiehlt sich eine frühe Anreise zum Flughafen. Die zurückzulegenden Wege sind mitunter lang und kräfteraubend. Für Fluggäste mit Einschränkungen des Bewegungsapparates ist ein Flughafenterminal mit entsprechenden Gehhilfen ausgestattet, die verliehen werden. Auch ist das Flugzeug barrierefrei zu erreichen, sodass im Bedarfsfall ein kostenloser Rollstuhlservice erfolgen kann, um vom Check-in-Schalter direkt bis zum Flugsteig zu gelangen. Bei einem höheren Ausmaß an benötigter Unterstützung wird dieser Service sogar bis ins Flugzeug hinein erweitert.

Eine Vielzahl an Flughäfen ist für Erste-Hilfe-Maßnahmen besser ausgerüstet als andere öffentliche Gebäude. Während der Betriebszeiten steht geschultes, vereinzelt sogar medizinisches Personal für eine rasche Betreuung zur Verfügung. Um gut gewappnet zu sein, sollten Sie Ihre Reiseapotheke dem jeweiligen Vorhaben sowie dem Urlaubsziel anpassen und im Handgepäck aufbewahren, damit sie stets in Griffweite ist. Auch bei einer etwaigen Verspätung des Koffers am Zielort haben Sie die erforderlichen Medikamente so dennoch parat. Bewegungsarmut, ein beengter Sitzplatz sowie eine unzureichende Menge Trinkwasser fördern die Entstehung einer Reisethrombose und lassen Ihre Beine anschwellen. Das Tragen von Kompressionsstrümpfen wirkt einem möglichen Blutstau entgegen. Medizinische Selbstbehandlungen, etwa durch das Verabreichen einer Thrombosespritze, sollten vor Flugantritt erledigt werden. Für eine individuelle Empfehlung ist es sinnvoll, vorab ärztlichen Rat einzuholen.

Im hohen Alter sollte die Wahl des Zielgebietes wohl überdacht werden, denn nicht jedes Land eignet sich als Urlaubsregion. Klimatische Veränderungen und die Gewöhnung an andere Zeitzonen können dem Körper zusätzlich zu schaffen machen. Das ist zwar ein altersunabhängiger Umstand, jedoch benötigt der Organismus mit fortschreitendem Alter mehr Zeit für diese Anpassung, sodass sich die ersten Urlaubstage weniger erholsam als erhofft gestalten können.

Um finanzielle Anreize für eine Flugreise zu schaffen, bieten einige Fluggesellschaften vergünstigte Tarife für ältere Personen an. Bereits bei der Buchung empfiehlt es sich, eine Sitzreihe in unmittelbarer Umgebung der Toiletten zu wählen und ein reservierter Gangplatz ermöglicht ungehindertes Aufstehen. Gegen Aufpreis gibt es manches Mal die Möglichkeit, noch vor den Mitreisenden ins Flugzeug zu steigen. Solche kleinen Zusatzleistungen können den Komfort einer Reise erhöhen.

Fliegen mit dem Haustier

Wer ein Haustier besitzt, behandelt den kleinen Liebling meist wie ein vollwertiges Familienmitglied. Als Seelentröster oder als treuer Freund sind sie ein wichtiger Bestandteil im Leben eines Menschen. Von diesem Gesichtspunkt aus scheint es nur allzu verständlich, sein geliebtes Tier nicht von einer Reise ausschließen zu wollen. Zunächst sollten Sie sich jedoch die Frage stellen, ob es wirklich notwendig ist, Ihren Liebling auf eine Flugreise mitzunehmen.

Während des Transportes wirken unzählige Umweltfaktoren auf die Tiere ein. Dazu gehören der hohe Lärm- und Geräuschpegel, starke Temperaturunterschiede, sich verändernder Luftdruck, lange Wartezeiten, Bewegungsmangel und die fremde Umgebung, all das ohne Beisein der Bezugsperson. Diese Faktoren bedeuten für die Tiere großen Stress, sodass die Verhältnismäßigkeit einer Reise vorab ehrlich eingeschätzt werden sollte.

Ist die Entscheidung für eine Flugreise gefallen, sollten Sie mit einer frühen und gründlichen Planung beginnen. Es ist wichtig, sich mit den Ein- und Ausfuhrregeln des Ziellandes, möglichen Impf- und Quarantänebestimmungen und den geltenden Tierschutzstandards vertraut zu machen, die meist abweichend von der heimischen Gesetzeslage sind. Korrekt ausgefertigte Zollpapiere und Dokumente benötigen im Einzelfall eine tage- oder wochenlange Vorlaufzeit.

Doch auch aus einem weiteren Grund ist es empfehlenswert, ein Flugticket zeitgerecht vor dem geplanten Abflugtermin zu kaufen: Da viele Fluggesellschaften die Anzahl von Tieren je Flugstrecke begrenzen, ist bei frühzeitiger Buchung die Wahrscheinlichkeit höher, dass noch ein Platz frei ist.

Grundsätzlich steht es jeder Luftfahrtgesellschaft frei zu entscheiden, ob Tiere überhaupt transportiert werden. Nicht jedes Unternehmen bietet diese Möglichkeit an. Sollte eine Mitnahme in der Flugzeugkabine möglich sein, beschränken die meisten Fluggesellschaften dieses Angebot auf Katzen und kleinere Hunde, die sich in einer Transportbox befinden. Die Größe und das Gewicht der Tiere sind dabei genauestens vorgegeben.

Größere Hunde und andere Haustiere können die Reise im klimatisierten Frachtraum antreten. Für diese Art der Beförderung sind die Bestimmungen für geeignete Transportbehältnisse um einiges umfangreicher. Zur weiteren Betreuung verfügen größere Flughäfen oft über Tierstationen mit geschultem Personal. Bevor die Tiere verladen werden, überprüfen die Fachleute letztmalig ihre Reisetauglichkeit.

Wenn die Auswahl besteht, sollte einem Direktflug in jedem Fall der Vorzug gegeben werden. Ist dies nicht möglich, erhalten die Tiere bei einer Zwischenlandung ausreichend Futter und Wasser.

Auch wenn Sie es gut meinen, die Verabreichung von Beruhigungs- und Sedierungsmitteln vor dem Abflug ist aufgrund möglicher Nebenwirkungen umstritten. Veterinärmedizinische Fachleute raten anstelle von Medikamenten zu ausreichend viel Bewegung vor dem Verladen in die Transportbox.

Sollte ein Tier, wie etwa ein Pferd, generell nicht in einer Passagiermaschine reisen dürfen, kann ein Überstellungsflug gegen vorherige Anmeldung bei einer Tierspedition gebucht werden. Eine Frachtfluggesellschaft übernimmt dann den eigentlichen Transport.

Flugzeugkabine & Gesundheit

Die Suche nach der Reihe 13

Aufmerksame Flugpassagiere haben vielleicht bemerkt, dass bei manchen Airlines die Nummerierung der Sitzreihen unvollständig ist. Besonders verbreitet ist das Fehlen der Reihen 13 und 17, bei einigen asiatischen Unternehmen auch der Reihe 4. Diese Zahlen gelten in einzelnen Kulturkreisen als Unglücksbringer. Um keine Fluggäste zu verschrecken, überspringen Fluggesellschaften die entsprechenden Nummern einfach.

Sitzreihen sind im Flugzeug von vorne beginnend nach hinten durchnummeriert. Mit Blickrichtung zum Cockpit findet sich die Fensterreihe »A« auf der linken Seite. Als Mittelsitz folgt der Buchstabe »B«, während der Gangplatz den Buchstaben »C« erhält. Gibt es auf der gegenüberliegenden Seite erneut eine Dreiersitzplatzreihe, folgen die Buchstaben dem Alphabet, wobei »D« der Gangplatz ist, »E« in der Mitte liegt und mit »F« der Fensterplatz gemeint ist. Gibt es allerdings weder die Buchstaben »B« noch »E« am Sitzplan, so entfällt der Mittelplatz. Daran lässt sich erkennen, dass die Maschine mit einer Zweierreihe ausgestattet ist.

Langstreckenmaschinen bieten Raum für eine dritte Sitzreihe. Bei einer 3-4-3 Konfiguration wird der Buchstabe »I« gegen den Buchstaben »J« ausgetauscht. Hier möchten Fluggesellschaften einer möglichen Verwechslungsgefahr beim Auffinden des Sitzplatzes zuvorkommen.

Der »perfekte« Sitzplatz liegt jedoch allein im Auge des Betrachters. Weder Zahlen noch Buchstaben stehen für eine allgemeingültige Qualität der Sitzposition. Mit einer zeitgerechten Buchung lässt sich der Wunschplatz reservieren. Manche Fluggesellschaften veröffentlichen hierfür die Sitzpläne ihrer Flugzeuge.

Immer Ärger mit dem Mobiltelefon

Als vor vielen Jahren Mobiltelefone zum Alltagsgegenstand wurden, gab es die Befürchtung, dass die Handyfrequenzen den Sprechfunkverkehr sowie Signale von Bodenstationen (beispielsweise Navigationseinrichtungen) stören könnten. Untersuchungen haben gezeigt, dass dies nicht der Fall ist. Allerdings könnte die Funkverständigung zwischen Piloten und Fluglotsen beeinträchtigt werden, da sendefähige Geräte wie Mobiltelefone unentwegt nach Signalen suchen. In der Praxis ist das eher bei Flugzeugen der Fall, bei denen der Abstand zwischen dem Cockpit und den dahinterliegenden Sitzreihen der Passagiere besonders klein ist.

In modernen Verkehrsflugzeugen ist Telefonieren sowohl aus Komfort- als auch aus Sicherheitsgründen verboten. Mitreisende sollen sich nicht belästigt fühlen. Würde nur jede zweite Person ihr Mobiltelefon auspacken und jemanden anrufen, gäbe es ein »babylonisches Sprachgewirr« mit großem Konfliktpotential. In Umfragen zu diesem Thema hat sich bislang die Mehrheit der Flugreisenden gegen die Freigabe des Telefonierens an Bord ausgesprochen. Außerdem werden Passagiere so weniger durch ihre eigenen Geräte abgelenkt und hören aktiver den Borddurchsagen der Flugzeugbesatzung zu. Gerade in Notfällen kann dies mitunter lebenswichtig sein. Dennoch ist die Nutzung des Mobiltelefons auch während Start und Landung bei deaktivierter Sendefunktion gestattet.

Mythos Flugzeugtüre

Die Vorstellung, jemand könnte das Einstiegstor während des Fluges öffnen, löst bei den meisten Menschen Unbehagen aus. Die Sorge, Passagiere könnten dabei aus dem Flugzeug gesogen werden, ist naheliegend. Jedoch ist diese fantasiereiche Vorstellung maßgeblich von der Filmindustrie geprägt. Was am Filmset machbar scheint, ist in der Wirklichkeit jedoch unmöglich.

Vor dem Anrollen des Flugzeuges werden alle Ausstiege von den Flugbegleitern verriegelt und anhand von elektrischen Signalen im Cockpit kontrolliert. Sobald das Flugzeug gestartet ist, werden die schweren Kabinentüren durch die Luftströmung in die Verankerungen gepresst. Das Gewicht von über einer Tonne wirkt auf eine einzelne Ausstiegstür. Unmöglich also, dass sich jemand mit seinem Körpergewicht dagegenstemmt, um diese zu öffnen.

Das kleine Loch im Fenster

Die Fensterscheiben von Luftfahrzeugen unterscheiden sich in vielen Punkten von jenen, wie wir sie aus einem Wohnhaus kennen. Ihre Herstellung ist technisch aufwendiger, da sie ganz anderen Belastungen standhalten müssen. Der augenscheinlichste Unterschied liegt in der typischen ovalen Form und dient allein der Sicherheit. Die stetigen Druckunterschiede wirken gehörig auf die Fenster ein, wodurch bei rechteckigen Fenstern Haarrisse an den Kanten entstehen können. Bei einem ovalen Design wird der lastende Druck besser verteilt und dieses Problem damit umgangen.

Passagierfenster bestehen im Detail aus drei einzelnen Schichten: einem robusten Außenfenster sowie zwei inneren Schutzscheiben. Fluggäste mit Fensterplatz haben vielleicht das kleine Loch im unteren Bereich der Mittel- und Innenscheibe entdeckt?

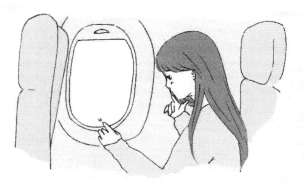

Was auf den ersten Blick beängstigend wirkt, ist von immenser Bedeutung. Das kleine Loch dient dem Druckausgleich und verhindert einen möglichen Schaden aufgrund stetiger Änderungen der Druckverhältnisse. Außerdem sorgt es für die Belüftung des Hohlraums zwischen den einzelnen Fensterscheiben.
Würde die Luft an dieser unzugänglichen Stelle nicht zirkulieren, könnte sich Feuchtigkeit ansammeln. Die Folge wären beschlagene Flugzeugfenster, die den Reisegästen so manch beeindruckenden Ausblick verwehren würden.

Nicht nur die Form ist bewusst gewählt, auch die Größe der Fenster ist im Flugzeugbau ausschlaggebend. Das Flugzeug soll mit heißen Sommertemperaturen am Boden genauso gut zurechtkommen, wie mit den eiskalten Außentemperaturen auf Reiseflughöhe.

Das Material arbeitet unentwegt, es dehnt sich aus und zieht sich anschließend wieder zusammen. Bereits eine einzige undichte Stelle im Fenster könnte zu einem ernstzunehmenden Problem werden. Die Lösung liegt daher in der Größe der Scheibe: Je kleiner das Fenster gebaut wird, desto geringer ist das Risiko einer ungewollten Lücke zwischen Rahmen und Fensterscheibe.

Eine neue Konstruktion ist seit einiger Zeit in manchen Verkehrsflugzeugen wie etwa der »Boeing 787« zu finden, und löst hier die sonst üblichen manuell verschiebbaren Sonnenblenden ab. Zwischen zwei Flachglasscheiben befindet sich eine hauchdünne Schicht leitfähigen Gels, das durch elektrische Stimulation seine Farbe ändert und so das Fenster verdunkelt. Bleibt die elektrische Energie aus, ist die Scheibe transparent. Dieses moderne Flugzeugfenster wurde so konzipiert, dass die Abdunklung je nach äußeren Lichtbedingungen automatisch vorgenommen wird. Eine individuelle Steuerung ist aber dennoch möglich.

Der Aschenbecher auf der Toilette

Heutzutage gibt es nahezu keine Fluggesellschaft mehr, die das Rauchen an Bord gestattet. Dem Drang, diesem Verlangen nachzugehen, wird im Flugzeug bei jeder sich bietenden Gelegenheit eine Absage erteilt. Lautsprecherdurchsagen und das Symbol einer durchgestrichenen Zigarette über den Sitzplätzen machen auf das dringende Verbot aufmerksam. Auch in den Toilettenanlagen werden die Fluggäste mit Hinweisen daran erinnert. Umso erstaunlicher ist es, dass sich ausgerechnet in diesem Teil des Flugzeuges Aschenbecher befinden.

Tatsächlich gibt es eine einfache und nachvollziehbare Erklärung: Obwohl das Rauchen an Bord strengstens verboten und gefährlich ist, halten sich nicht alle Reisenden daran. Der Aschenbecher in der Toilette stellt hierbei eine reine Vorsichtsmaßnahme dar. Sollte ein Raucher sämtliche Warnungen ignorieren, hat er so die Möglichkeit, seine brennende Zigarette ordnungsgemäß zu entsorgen. Unachtsam entsorgte Tabakwaren im Abfallbehälter können gefährliche Folgen für die Sicherheit aller an Bord haben. Papierhandtücher und andere entsorgte Materialien sind leicht entzündlich, wodurch Flammen rasch auf weitere Bereiche der Flugzeugkabine übergreifen könnten.

Um die Brandgefahr zu reduzieren, ist jeder Waschraum mit einem sensibel reagierenden Rauchmelder ausgestattet. Wird der Alarm ausgelöst, ertönt sowohl im Cockpit als auch in der Flugzeugkabine ein lautes Signal. Das durch regelmäßige Schulungen trainierte Flugpersonal geht dieser Warnung umgehend nach, denn im Ernstfall bleibt nur wenig Zeit, um die Flammen unter Kontrolle zu bringen.

Da Rauchen an Bord nicht nur einen Regelverstoß, sondern auch die Gefährdung von Menschenleben darstellt, werden vereinzelt Flugverbote, hohe Geld- und teilweise sogar Freiheitsstrafen dafür ausgesprochen. Es ist daher ratsam, sich eine persönliche Strategie zu überlegen, um die mitunter lange Aufenthaltsdauer im Flugzeug rauchfrei zu überbrücken.

Geht der Toiletteninhalt über Bord?

Es gibt verschiedene Toilettensysteme, von denen sich speziell zwei Varianten in der Luftfahrt durchgesetzt haben. Bei Bordtoiletten spricht man von geschlossenen Systemen, das heißt, der Inhalt geht während eines Fluges nicht einfach über Bord, sondern wird in einem Sammelbehälter unterhalb der Toilettenkabine aufgefangen. Erst nach der Landung kann der Inhalt von einem speziellen Fahrzeug entleert werden. Dieser Vorgang dauert nur wenige Minuten, danach ist die Toilette wieder einsatzbereit.

Bei Businessjets werden des Öfteren Systeme mit Wasserspülung verwendet, deren Funktionsweise an ein Camping-WC erinnert. Da eine stetige Frischwasserzufuhr in einem Flugzeug schlichtweg nicht möglich ist, zirkulieren je nach Einrichtung vier bis zehn Liter Wasser im Spülsystem und stehen zum mehrfachen Gebrauch zur Verfügung. Die für die nötige Hygiene unverzichtbaren Chemiezusätze lassen sich an der Blaufärbung der Flüssigkeit erkennen. Sie bewirken eine Verzögerung der natürlichen Fäulnisprozesse, um auch der nächsten Person einen geruchsarmen Besuch auf der Toilette zu ermöglichen.

Bei großen Passagierjets eignet sich das System der Wasserspülung nicht. Die benötigten Wassermengen wären einfach zu schwer. Damit eine voll besetzte Maschine dennoch über mehrere Stunden hinweg einen funktionierenden Toilettenbetrieb gewährleisten kann, werden die Exkremente durch Unterdruck in den Auffangbehälter befördert. Möglich ist das durch den Druckunterschied zwischen dem Inneren der Kabine und dem Luftdruck außerhalb des Flugzeuges. Wird die Spülung aktiviert, öffnet sich die Klappe des Auffangbehälters mit einem Knall und die Hinterlassenschaften werden förmlich eingesogen. Diese Saugkraft ist so stark, dass damit Verstopfungen vermieden werden können. Um anhaftende Rückstände in der Toilette zu lösen, werden dem Sog kleinere Mengen Flüssigkeit beigefügt. Doch woher kommt der weitverbreitete Glaube, dass der Toiletteninhalt während des Fluges über Bord geht?

Tatsächlich kommt es in sehr seltenen Fällen in Flughafennähe zu Sichtungen von herabstürzendem »blauem Eis«. Dieses Phänomen tritt in Erscheinung, wenn die Dichtungen des Sammeltanks porös werden, oder das Austrittsventil nicht ordentlich verschlossen wurde. Kleinere Wassertropfen können so auf die Flugzeugaußenhaut gelangen. Sie gefrieren beim Austreten und tauen langsam auf, wenn das Flugzeug beim Sinken in wärmere Luftschichten kommt. Irgendwann lösen sie sich und fallen herab. So spektakulär eine Sichtung von »Blaueis« auch sein mag, die Zahl derartiger Vorfälle ist äußerst gering. Dank gründlicher Wartung und einwandfrei funktionierender Außenventile lässt sich ein eventueller Schaden am Boden vermeiden und ein Höchstmaß an Sicherheit gewährleisten.

Das macht die Druckkabine

Die durchschnittliche Reisehöhe einer Passagiermaschine liegt bei 11.000 Metern. In diesem Bereich ist ein natürlicher Atmungsvorgang für uns Menschen ohne technische Unterstützung unmöglich. Deswegen hält die Druckkabine den Innendruck konstant auf etwa 2.500 Höhenmetern während des Reisefluges. Dadurch können alle Passagiere beschwerdefrei atmen.

Extrembergsteiger wissen, dass ab circa 7.000 Höhenmeter die sogenannte »Todeszone« beginnt, in der eine zusätzliche Sauerstoffzufuhr notwendig ist, um zu überleben. Die Sauerstoffsättigung im Blut nimmt mit der Höhe kontinuierlich ab. Eine Mangelerscheinung des Gewebes, auch Hypoxie genannt, ist die Folge. Damit wir in einem Flugzeug atmen und unbeschadet reisen können, muss in der Kabine ein künstlicher Druck aufgebaut werden.

Bei modernen Verkehrsmaschinen wird der optimale Luftdruck automatisch geregelt. Die Triebwerke treiben einen Kompressor an, der die angesaugte Luft verdichtet. Ein Teil dieser noch viel zu heißen komprimierten Luft wird zu einer Kühleinheit geleitet und von dort in die Klimaanlage eingespeist. Nun kann die neue Luft mit der vorhandenen aus der Kabine vermischt werden und für ein angenehmes Klima an Bord sorgen. Sollte die Druckkabine nicht mehr automatisch funktionieren, kann der Innendruck manuell aus dem Cockpit gesteuert werden.

Für das äußerst seltene Szenario eines Totalausfalls befinden sich Sauerstoffmasken in der Verkleidung oberhalb der Sitze. Damit auf dem Schoß sitzende Kinder und in den Gängen arbeitendes Flugpersonal sofort mit Sauerstoff versorgt werden können, sind stets mehr Masken als Sitzplätze vorhanden. Bei Bedarf fallen sie herab und versorgen die Passagiere einer vollbesetzen Maschine für circa fünfzehn bis zwanzig Minuten mit Atemluft. Das ist genug Zeit, um auf eine Flughöhe zu sinken, in der ohne Maske normal geatmet werden kann. Anschließend wird ein Landemanöver auf dem nächstgelegenen Flughafen durchgeführt.

Lästige Verdauungsprobleme bei Flügen

Der veränderte Innendruck in der Flugzeugkabine wirkt sich auf Ihren Körper aus: Steigt er an, dauert es nicht lange, bis sich die Gasrückstände ihren Weg nach draußen bahnen – Sie bekommen Blähungen. Für zahlreiche Flugreisende wird damit ein regelrechter Albtraum wahr, schließlich möchte niemand bei den anderen Reisegästen für dicke Luft sorgen.

Mit ein paar einfachen und effektiven Tricks lassen sich lästige Verdauungsprobleme zumindest vermindern, wenn nicht sogar vermeiden: Vor dem Flug sollten keine blähenden Lebensmittel wie Hülsenfrüchte oder Kohl verzehrt werden. Achten Sie darauf, viel stilles Wasser zu trinken. Getränke mit Kohlensäure und Alkohol erzeugen eher einen gegenteiligen Effekt. Bei einer längeren Flugdauer kann es hilfreich sein, bequeme Kleidung zu tragen und auf einen fest anliegenden Hosengürtel zu verzichten, um den Bauchraum nicht zusätzlich einzuengen. Auch ein kleiner Spaziergang den Gang entlang hilft Ihrem Körper beim Abbau seiner Gase.

Fliegen mit einer Erkältung

Eine Erkältung wirkt sich auf Ihr Innenohr aus, das dafür zuständig ist, den Druck auszugleichen. Ändert sich der Innendruck des Flugzeuges bei Steig- und Sinkflügen, wird ein Druckausgleich im Ohr erforderlich. Für den gesunden Menschen stellt dies kein Problem dar, zumal die Druckkabine den natürlichen Prozess der langsamen Druckanpassung unterstützt. Allerdings scheitert der Körper an diesen Vorgängen, sobald er eine Erkältung hat. Fliegen Sie also mit grippalem Infekt und verstopften Nasennebenhöhlen in den Urlaub, riskieren Sie dauerhafte Folgeschäden.

Das menschliche Ohr ist so aufgebaut, dass hinter dem Trommelfell das Mittelohr beginnt. Dort befindet sich neben den Gehörknöchelchen ein wichtiger Hohlraum. Dieser ist mit Luft gefüllt und durch Schleimhäute ausgepolstert. Der kleine Hohlraum wird durch die sogenannte Eustachi-Röhre mit dem Nasen- und Rachenbereich verbunden und sorgt für eine innere Durchlüftung und den Druckausgleich. Bei Erkältungen und Entzündungen ist die Röhre hingegen verschlossen. Das Trommelfell wird bei Landeanflügen zum nunmehr geringeren Innendruck ins Ohr hineingezogen, wodurch es zu unangenehmen Schmerzen und Schwierigkeiten beim Hören kommen kann.

Bei einer leichten Erkältung funktioniert der Druckausgleich, indem Sie sich die Nase zuhalten, gefühlvoll dagegen pressen und anschließend schlucken. Mit kauenden und gähnenden Bewegungen können die kleinen Muskeln der Eustachi-Röhre zusätzlich zum Zusammenziehen und somit zum Öffnen des Verbindungskanals animiert werden. Ein Nasenspray erleichtert diesen Vorgang, da es das Abschwellen der Schleimhäute bewirkt und so die Luftzirkulation verbessert.

Doch bei stärkeren Erkältungen, schmerzenden Stirnhöhlen und verstopften Nasennebenhöhlen helfen diese kleinen Tricks nicht mehr. Auch wenn Sie schon am Boden stark anhaltende Kopfschmerzen haben, sollten Sie keinesfalls mehr fliegen. In der Luft verstärken sich die Symptome um ein Vielfaches. Trommelfellrisse infolge einer Druckverletzung können zu komplexen Erkrankungen des menschlichen Hörapparates bis hin zum Gehörverlust führen.

Hin und wieder kommt es sogar vor, dass das Flugpersonal wider besseres Wissen die eigene Tauglichkeit falsch einschätzt und trotz Schnupfen fliegt. Nicht selten verlieren diese Mitarbeitenden in der Folge einer Ohrverletzung ihre Eignung und somit ihre Arbeitsstelle.

Wie diese Beispiele zeigen, kann es mitunter schon Ihnen als erwachsener Person schwerfallen, die eigene Flugtauglichkeit richtig einzuschätzen. Bei Babys und Kleinkindern ist deshalb besondere Vorsicht geboten. Holen Sie unbedingt ärztlichen Rat ein, um dauerhafte Schäden zu vermeiden.

Generell gilt: Erkältete Säuglinge und Kleinkinder sind in jedem Fall fluguntauglich! Aber auch gesunde Kinder sollten vor Beginn des Sinkflugs geweckt werden, um mithilfe von Kau- und Schluckbewegungen (beispielsweise durch Schnuller oder Wasser) den erforderlichen Druckausgleich zu unterstützen.

Keime und Co.

Im Gegensatz zum oft verharmlosten Thema Erkältung werden mögliche Keime an Bord meist überschätzt. Da Passagiere stundenlang gemeinsam auf engstem Raum reisen, muss die Atemluft im Flugzeug ständig erneuert werden. Dabei wird sie gefiltert und mit neuer Frischluft angereichert zurück in die Kabine gebracht. Viren und Bakterien werden hierbei aus dem Verkehr gezogen und über die Abluft aus dem Luftfahrzeug geführt.

Die Weltgesundheitsorganisation (*World Health Organization,* kurz WHO) bestätigt das geringe Risiko einer Übertragung ansteckender Krankheiten während einer Flugreise. Zwar könnten Infektionen zwischen Reisenden erfolgen, die im gleichen Bereich des Flugzeuges sitzen, allerdings unterscheide sich das keineswegs von anderen Situationen oder öffentlichen Transportmitteln, in denen Menschen nahe beisammen sind.

Jedoch gibt es im Flugzeuginneren ein paar Plätze, die besonders häufig angefasst werden, und an denen sich deshalb Krankheitserreger vermehrt ansammeln. Zu den typischen Übertragungsorten gehören die Kopflehne, der Klapptisch, die Sitztasche, der Türgriff zu der Waschkabine, die Toilettenspülung sowie das Spülbecken.

Doch was können Sie zu einer niedrigeren Keimbelastung beitragen, um sich selbst und andere zu schützen? Sorgen Sie für eine ausreichende Flüssigkeitszufuhr, um das Austrocknen Ihrer Schleimhäute zu vermeiden, denn bereits dadurch können sich weniger Krankheitserreger einnisten. Waschen Sie sich regelmäßig Ihre Hände mit Seife, fassen Sie sich so wenig wie möglich ins Gesicht, legen Sie keine Lebensmittel auf die Tischfläche vor Ihnen und reinigen Sie gegebenenfalls mit einem Desinfektionstuch jene Bereiche, mit denen Ihre Haut direkt in Berührung kommt.

Auch kann es nicht schaden, einen Mund-Nasen-Schutz griffbereit im Handgepäck zu haben und mit ausreichend Taschentüchern versorgt zu sein.

In einigen Ländern ist es Vorschrift, ein Flugzeug vor der Landung von möglichen Insekten zu befreien (engl. *disinsection*). Diese blinden Passagiere könnten als nicht heimische Tiere Krankheitserreger einschleppen. Da bei diesem Vorgehen das Flugpersonal Schädlingsbekämpfungsmittel aus Sprühdosen verteilt, kommen Passagiere oft zu dem Trugschluss, es müssten Keime entfernt werden. Die Notwendigkeit dieser Maßnahme regeln nationale Gesundheitsbehörden, nicht jedoch die Kabinenbesatzung.

Planung & Organisation

Die Logistik hinter einem Flug

Um einen reibungslosen und gewinnbringenden Flugbetrieb zu gewährleisten, sind viele einzelne Komponenten nötig. Jeder Flug ist mit erheblichen Kosten verbunden und die Fluggesellschaften wenden verschiedene Strategien an, um diese gering zu halten. Kooperationen und langfristige Verträge ermöglichen Rabatte bei Anschaffung und Wartung der Flugzeuge, dem Treibstoff und dem Catering. Um wirtschaftlich zu sein, muss eine hohe Auslastung der einzelnen Maschinen erreicht werden, indem ansprechende Tarife angeboten und in ein für den Fluggast interessantes Streckennetz investiert wird. Für die optimale Auslastung bei einer hohen Zahlungsbereitschaft der Kunden wird beim sogenannten Ertrags- und Gewinnmanagement (engl. *yield management*) unentwegt nach neuen Lösungen gesucht.

Mit unterschiedlichen Buchungsklassen und Tarifmodellen wird die potenzielle Kundschaft umworben. Wer seine Urlaubsreise bereits frühzeitig buchen möchte, ist deutlich preisempfindlicher als jemand, der einen kurzfristigen Transport zu einem geschäftlichen Termin benötigt. Durch die Vorteile eines Bonusprogramms werden Fluggäste zusätzlich bei der Stange gehalten.
Manche Fluggesellschaften setzen bei ihren Kalkulationen sogar auf die gezielte Überbuchung eines Flugzeuges. Es werden bewusst mehr Flugtickets verkauft, als es Sitzplätze an Bord gibt und damit das Risiko in Kauf genommen, dass einzelne Menschen ihren Flug nicht antreten können. Durch Statistiken und Datengewinnung im Ertrags- und Gewinnmanagement erkennt die Fluglinie, wie viele Personen durchschnittlich ihrem gebuchten Flug fernbleiben. Genau so viel mehr Tickets werden dann zum Kauf angeboten. Nicht immer gehen diese Strategien auf und zurück bleiben verärgerte Kunden, die mit Zahlungen entschädigt werden müssen.

Strategische Überlegungen gibt es auch bei der Anzahl der täglichen Flüge. Je geringer die Wartezeit eines Flugzeuges am Boden, desto besser ist es aus wirtschaftlicher Sicht für die Fluggesellschaft, denn solange ein Flugzeug steht, verdient diese kein Geld. Dadurch sind Ankunfts- und Abflugzeiten derselben Maschine oft eng getaktet, sodass sich eine einzelne Verspätung auf den gesamten Tagesplan auswirken kann.

Auch im Bereich des Personalwesens ist eine große Logistik und viel Koordination notwendig. Der gesetzlich geregelte Schulungsbedarf bei Fluggesellschaften ist im Allgemeinen sehr hoch. Besonders Flugbegleiter und Piloten müssen ständig trainiert sowie neues Personal in den laufenden Betrieb integriert werden. Dienst- und Ruhezeitenregelungen müssen kontrolliert und bei der Erstellung der Dienstpläne berücksichtigt werden.

Im operativen Bereich kümmern sich bereits lange vor dem geplanten Abflug Flugdienstberatungen um die Einreichung und Genehmigung des Flugplans. Dieser gelangt zu einer Sammelstelle, in der sämtliche Aktivitäten und Flugbewegungen aller Lufträume koordiniert werden, ehe örtliche Lotsen die eigentlichen An- und Abflüge staffeln.

Vor dem Flug erhält die Cockpitbesatzung aktuelle Wetterdaten entlang der Flugstrecke, berechnet den Treibstoffbedarf und über-prüft das Flugzeug von außen (engl. *outside check*). Die Flugbe-gleiter sprechen Serviceabläufe miteinander ab und bereiten die Kabine auf ihren nächsten Einsatz vor. Das Reinigungsteam säubert das Flugzeuginnere und leert die Sitztaschen und das Cateringteam liefert, sofern vorhanden, die Verpflegung, eventuelle Zeitungen sowie Utensilien, die den Reisekomfort erhöhen.

Das Gepäck läuft währenddessen über eine vollautomatische Sortieranlage durch den Sicherheitscheck zu einem bereitstehenden Gepäckwagen oder mehreren Containern. Das Be- und Entladen der Maschinen wird händisch von den Arbeitskräften des Boden-dienstes erledigt. Zwischenzeitlich erfolgt der erste Aufruf für die Passagiere, die nun zum Einsteigen gebeten werden.

Wenn das Flugzeug am Boden steht

Nach der Landung am Zielflughafen bleiben der Flugzeugbesatzung in der Regel dreißig bis fünfzig Minuten Zeit, um die Maschine für den Rück- beziehungsweise Weiterflug vorzubereiten. Bei Billigfluggesellschaften (engl. *low-cost airlines*) ist das Zeitfenster oft kleiner.

Nach Verabschiedung der Reisegäste (bei einigen Fluglinien steht der Kapitän dafür persönlich am Ausgang), verlässt einer der beiden Piloten die Maschine und führt die äußere Sichtkontrolle am Flugzeug durch. Dabei hält er gezielt nach sichtbaren Schäden an den Triebwerken, den Landeklappen und dem Fahrwerk Ausschau. Zur gleichen Zeit programmiert der im Cockpit gebliebene Pilot den Navigationscomputer für den Rück- oder Weiterflug und ermittelt den Treibstoffbedarf. Dieser ist vom Gewicht des Flugzeuges, der Passagieranzahl und der geplanten Flugstrecke abhängig und beinhaltet eine ausreichende Reserve.
Während die Maschine betankt wird, sorgen Reinigungskräfte und die restliche Crew dafür, dass das Flugzeug von innen für die nächsten Passagiere bereit ist. Sie säubern die Sitze, den Fußboden und das WC, leeren Mülleimer aus und bereiten die Bordküche vor. Auch Zeitschriften und sonstiges Bordequipment werden bereitgelegt. Sobald die Arbeiten abgeschlossen sind, werden die neuen Fluggäste an Bord gebeten.

Kurz vor dem Abflug übergibt der »Ramp Agent« den aktuellen Flugwetterbericht und das sogenannte »Loadsheet«, in dem alle wichtigen Daten zum Flug vermerkt sind, wie etwa die Gewichtsberechnung, die Fracht und die Passagieranzahl, an die Piloten. Ein »Ramp Agent« ist für die Koordination der Flugzeugabfertigung am Boden zuständig und überwacht die verschiedenen Arbeitsaufgaben, sodass alle notwendigen Tätigkeiten innerhalb des vorgegebenen Zeitfensters erledigt werden. Er ist nach dem Boarding der Fluggäste beim Gang ins Cockpit häufig an seiner Warnschutzweste und einem Klemmbrett unter dem Arm zu erkennen. Vor dem Schließen der Türe verlässt er die Maschine wieder.

Nun sind auch die Vorbereitungen für die Cockpitcrew endgültig abgeschlossen, sodass nach der Freigabe zum Anlassen der Triebwerke das Flugzeug mithilfe eines Vorfeldfahrzeuges aus der Parkposition zurück aufs Rollfeld geschoben werden kann (engl. *push-back*). Zu guter Letzt signalisiert der »Ramp Agent« per Handzeichen, dass das Flugzeug frei zum Rollen in Richtung Startbahn ist.

Die Flugzeugenteisung

Ebenso wie Ihr Auto zu Hause müssen Passagiermaschinen bei winterlichen Verhältnissen enteist werden. Bereits geringe Mengen Schnee und Eis erhöhen das Gesamtgewicht eines Luftfahrzeuges. Außerdem verändert das gefrorene Wasser die Oberfläche, wodurch die Aerodynamik beeinträchtigt wird. Um dies zu verhindern, werden vor allem die Tragflächen, die Ruder sowie andere bewegliche Steuerflächen vor dem Start mit einem Gemisch aus Glykol und Wasser besprüht.

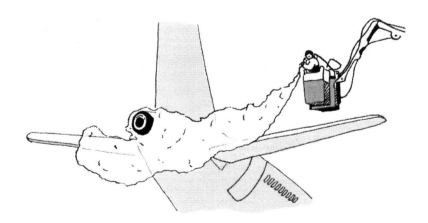

Je nach Größe des Flugzeuges dauert diese Behandlung einige Minuten, sodass es zu Flugverspätungen kommen kann. Allerdings muss nach dem Auftragen der Enteisungsflüssigkeit ein vorgeschriebenes Zeitfenster eingehalten werden, in dem der Abflug erfolgt. Wartet man mit dem Start zu lange, kann die Wirkung der Flüssigkeiten nachlassen und sich erneut Eis auf den Tragflächen bilden. Der Enteisungsvorgang muss dann wiederholt werden, was für die Fluggesellschaften eine kostspielige Angelegenheit ist.

Während des Fluges sorgen bordeigene Systeme für den Schutz vor Eisbildung. Dafür wird beispielsweise warme Luft aus den Triebwerken in das Innere der Tragflächen umgeleitet, wodurch diese sich erwärmen und die Eisbildung verhindern. Aufgrund dieser Technik stellen Landungen bei winterlichen Verhältnissen kein Problem für die Flugzeuge dar.

Was ist ein Slot?

Als »Slot« wird das Zeitfenster bezeichnet, das für Start oder Landung eines Flugzeuges zur Verfügung steht. Diese Einteilung hilft, den Verkehrsfluss zu regulieren und zu ordnen, da pro Flughafen nur eine limitierte Anzahl Flugsteige und Stellplätze sowie Start- und Landebahnen vorhanden ist, wodurch auch die Menge der Flugbewegungen begrenzt ist.

Auf verkehrsreichen Flughäfen gibt es fixe »Slots« für Linienflüge, die wiederkehrend am gleichen Wochentag und zur gleichen Zeit stattfinden. Garantien gibt es für diese Start- und Landerechte jedoch nicht. Lässt das Wetter die geplante Verkehrsdichte nicht zu oder ist der Flughafen aufgrund von Verschiebungen überlastet, wird anstatt des üblichen »Slots« ein neues Zeitfenster zugewiesen. Bereits ein herannahendes Gewitter kann den Normalbetrieb empfindlich stören. Doch auch entlang der Flugroute kann es zu Kapazitätsengpässen kommen, was gelegentlich Einschränkungen bei An- und Abflügen nach sich zieht.

Eine zeitliche Verzögerung ist für alle Beteiligten ärgerlich, allerdings werden die wegen schlechten Wetters oder Überlastung des Luftraumes neu vergebenen »Slots« nicht von der Fluggesellschaft zugeteilt. Nicht nur Ihre Reise, sondern der Arbeitstag der gesamten Flugzeugbesatzung verlängert sich ungewollt. Es ist also auch im Interesse der Airline eine etwaige Verspätung so gering wie möglich zu halten.

Die Wartungsintervalle der Flugzeuge

Vor jedem Flug wird die Maschine auf sichtbare Schäden oder Mängel hin überprüft. Die Piloten vergewissern sich des einwandfreien Zustandes ihres Flugzeuges. Zudem finden regelmäßige Instandhaltungsarbeiten (engl. *line maintenance*) durch qualifiziertes Wartungspersonal statt, bei denen Reifen, Bremsen und Triebwerke kontrolliert sowie Ölstand, Hydraulikflüssigkeit und technische Systeme inspiziert werden.

Laufende Überprüfungen in Kombination mit einer intensiven Pflege der Bauteile erhöhen die Langlebigkeit der Materialien und sind daher von großer Bedeutung für die Fluggesellschaften. Abseits dieser täglichen Kontrollen gibt es vier verschiedene Wartungsintervalle in unterschiedlichem Umfang.

Der wiederkehrende »A-Check« wird oft über Nacht durchgeführt. Er ist mit einem gründlichen »Service« Ihres PKWs vergleichbar. Der »B-Check«, der nur für einige wenige Flugzeugmodelle gilt, baut auf diesen regelmäßigen Inspektionen auf.
Für den nächstgrößeren »C-Check« wird das Flugzeug für ein bis zwei Wochen aus dem laufenden Flugplan genommen. Im Zuge dessen werden vereinzelt Bauteile zerlegt und einer intensiven Struktur- und Funktionskontrolle unterzogen. Dadurch gelangen die Wartungsteams auch an schwer zugängliche Stellen. Dieser Check bietet sich zusätzlich an, um technische Nachrüstungen vorzunehmen.

Die mit Abstand umfangreichste Überprüfung ist der »D-Check«, der etwa alle acht Jahre stattfindet und knapp zwei Monate dauert. In unzähligen Arbeitsstunden wird das Luftfahrzeug in all seine Einzelteile zerlegt. Bis zur kleinsten Schraube wird jedes Teil auf seine Abnutzungserscheinung hin überprüft und gegebenenfalls ausgetauscht. Technische Systeme werden ersetzt und mitunter modernisiert. Diese Gelegenheit wird oftmals dafür genutzt, die Innenausstattung einer Generalüberholung zu unterziehen, sodass etwa die Bordküche, die Toiletten und der Fußboden in neuem Glanz erstrahlen. Nach Abschluss der Arbeiten wird die Maschine zusammengebaut, ausgiebig getestet und neu lackiert, bevor sie zurück in den Liniendienst gestellt wird. Betrachtet man das Ausmaß dieser Wartung, kann nach der Fertigstellung durchaus von einem neuen Flugzeug gesprochen werden.

Treten zwischen den einzelnen Wartungsintervallen Beanstandungen auf, werden diese von der Cockpitbesatzung in das Logbuch des Flugzeuges eingetragen. Eine vom Hersteller veröffentlichte Mängelliste (engl. *minimum equipment list*) gibt vor, ob die Maschine dennoch flugtauglich ist und falls ja, wie viele Tag bis zur nächsten Wartung verstreichen dürfen. Sobald das Bauteil überprüft, ausgetauscht und der Soll-Zustand wiederhergestellt wurde, wird die Erledigung ebenfalls mit einem Eintrag im Logbuch bestätigt. Durch diese Methode hat jedes Luftfahrzeug einen transparenten technischen Lebenslauf.

Das Flugzeug

✓

Warum fliegt ein Flugzeug?

Bestimmt haben Sie schon einmal ein startendes Passagierflugzeug beobachtet. Scheinbar mühelos liefern die Triebwerke Schub und das tonnenschwere Gerät erhebt sich allmählich vom Boden, um dann kontinuierlich höher zu steigen. Wenige Minuten später befindet sich das Flugzeug bereits auf seiner Reiseflughöhe und überquert ganze Kontinente.

Doch wie ist das möglich? Warum kann ein Flugzeug fliegen? Jeder Körper wird von der Schwerkraft in Richtung Erdmittelpunkt gezogen. Die aerodynamischen Tragflächen eines Flugzeuges wirken diesen physikalischen Kräften entgegen, indem bei entsprechender Geschwindigkeit eine Sogwirkung auf ihnen entsteht. Das Flugzeug wird buchstäblich nach oben gezogen. Um genügend Auftrieb zu erhalten, ist sowohl die Form als auch die Länge der Tragflächen ausschlaggebend. Sie ist der Natur nachempfunden und erinnert an die Flügel eines Vogels.

Um die Fluggeschwindigkeit zu erreichen, werden die Tragflächen mit einer ausreichend großen Menge an Umgebungsluft angeströmt. Die Triebwerke sorgen dabei für die nötige Schubkraft und den Vorantrieb. Als Bremsunterstützung wird der natürliche Luftwiderstand genutzt, der das Luftfahrzeug verlangsamt. Wenn Sie schon einmal bei Gegenwind Fahrrad gefahren sind, wissen Sie, wie stark dieser Widerstand sein kann.

Lange vor der Inbetriebnahme eines neuen Flugzeuges stellen die Konstrukteure komplizierte Berechnungen auf, um herauszufinden, mit welchen Leistungsmerkmalen es sich am wirkungsvollsten fortbewegen wird. Mithilfe von Modellen lassen sich die Ergebnisse im Windkanal überprüfen.

Ein besonderes Augenmerk liegt dabei darauf, den Treibstoffbedarf so gering wie möglich zu halten. Das ist nicht nur aus Gründen des Klimaschutzes wichtig, sondern auch für die Preiskalkulation der Fluggesellschaften. Zweifellos bieten die Bauweise der Tragflächen und die Verwendung moderner Materialien hier ein großes Energiesparpotenzial.

Was sind Winglets?

»Winglets« (je nach Hersteller auch *Sharklets*, *Wingtip Fences*, *Blended* oder *Raked Wingtip* genannt) sind Anbauten an den Flügelspitzen, die zumeist nach oben gebogen sind. Sie werden für die äußeren Enden der Tragflächen konstruiert und verringern den sogenannten induzierten Widerstand. Dieser ist für Luftverwirbelungen verantwortlich, die durch Druckunterschiede zwischen Flügeloberseite und Flügelunterseite entstehen und die Aerodynamik des Flugzeuges stören.

Durch das Anbringen der »Winglets« verringert sich der Treibstoffverbrauch um etwa drei bis fünf Prozent, wodurch der Flugbetrieb günstiger und gleichzeitig umweltschonender wird. Ältere Flugzeuge können nachträglich mit »Winglets« ausgerüstet werden, was bereits zahlreiche Fluggesellschaften in Auftrag gegeben haben.

Nicht nur Schiffe brauchen Ruder

Um ein Flugzeug zu lenken, wird es während des Fluges um drei Achsen gesteuert. Anders als beim Auto sind Bewegungen und Richtungsänderungen im dreidimensionalen Raum möglich.

Die Hochachse verläuft von unten nach oben durch das Flugzeug hindurch, die Längsachse vom Bug in Richtung Heck und die Querachse von einer Tragflächenspitze zur anderen. Die Stelle, an der sie sich treffen, bildet den Schwerpunkt des Flugzeuges. Die Steuerung um eine Achse herum erfolgt mithilfe von beweglichen Klappen, auch Ruder genannt. Ähnlich der Paddel im Wasser ermöglichen sie präzise Kursänderungen.

Am äußeren Rand der Tragflächen befinden sich die Querruder. Durch sie ist eine »Rollbewegung« des Flugzeuges um die Längsachse möglich. Um eine Linkskurve einzuleiten wird das Steuerhorn (engl. *control wheel*) auf die linke Seite gedreht. Dabei heben sich die Querruder auf der linken Tragfläche und erhöhen damit den Luftwiderstand. Zeitgleich senken sich die Querruder auf der rechten Tragfläche und vergrößern dadurch den Auftrieb. Die Ruderausschläge an den Tragflächen verlaufen somit gegengleich.

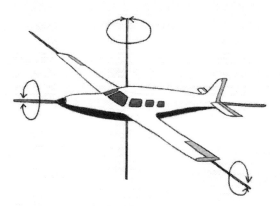

Das Höhenruder ist für die »Nickbewegung« um die Querachse zuständig. Wird das Steuerhorn gedrückt, beginnt das Flugzeug zu sinken. Die am Heck befindlichen Höhenruder senken sich dabei nach unten. Um im Gegenzug einen Steigflug einzuleiten, wird am Steuerelement gezogen und die Höhenruder schlagen nach oben aus. Damit eine Bewegung um die Hochachse ausgeführt werden kann, stehen jeweils zwei Fußpedale zur Verfügung. Betätigt der rechte Fuß das rechte Pedal, schlägt das Seitenruder am Heck ebenfalls nach rechts aus. Im Umkehrschluss bewegt das linke Pedal, geführt durch den linken Fuß, das Seitenruder auf die linke Seite.

In der Luft unterstützt diese Bewegung den Kurvenflug. Bei der Landung sind die Seitenruder von noch größerer Bedeutung: Mit ihrer Hilfe ist es möglich, ein Flugzeug exakt auf die Mittellinie der Landebahn zu setzen. Je kraftvoller der Wind von der Seite bläst, desto stärker kommen diese Ruderpedale zum Einsatz.

Der Antrieb mit Propellern

Im Unterschied zu Jets, die von Turbinen-Strahltriebwerken angetrieben werden, gelten Verkehrsflugzeuge mit Turbopropellern im öffentlichen Meinungsbild als laut, alt und unsicher. Dabei ist diese Antriebsart besser als ihr Ruf und alles andere als veraltet. Dies beweisen die immer neuen Varianten dieser Flugzeugtypen, die genauso sicheres Fliegen ermöglichen wie jene mit Jetantrieb.

Im direkten Vergleich sind Maschinen mit Turbopropellern zwar langsamer, verbrauchen auf kurzen Distanzen jedoch weniger Treibstoff. Gerade diese und andere Eigenschaften machen sie manchmal zum einzig geeigneten Fluggerät. Ohne Propellermaschinen könnten manche Flughäfen oder Inseln nicht angeflogen werden, insbesondere jene mit kurzen Start- und Landebahnen. Aufgrund des geringeren Sitzplatzangebotes werden sie zudem auf Flugstrecken verwendet, die weniger stark nachgefragt sind. So können auch diese Strecken bedient werden, was mit größeren Flugzeugen schlicht unwirtschaftlich für die Fluggesellschaften wäre.

Mit voller Triebwerkskraft voraus

Die Triebwerke eines Passagierflugzeuges erfüllen viele unterschiedliche Funktionen. In erster Linie liefern sie die Schubkraft, die das Flugzeug benötigt, um abzuheben und die erforderliche Reisegeschwindigkeit zu erreichen. Selbst unter widrigsten Wetterverhältnissen arbeiten die Systeme zuverlässig und störungsfrei. Bei den meisten Verkehrsmaschinen handelt es sich um Turbinen- beziehungsweise Strahltriebwerke (engl. *jet engines*), die für den Einsatz in großen Höhen bestimmt sind. Diese Triebwerke sind in ihrer Bauweise aufwendig konstruiert und ermöglichen hohe Geschwindigkeiten über große Distanzen.

Der sichtbare äußere Teil eines Triebwerkes besteht aus einem Schaufelrad (engl. *fans*), in dessen Mitte sich eine kreiselförmige Verkleidung (engl. *spinner*) befindet. Auf dieser Spitze ist eine Spirale aufgemalt. Sie ist meist einheitlich weiß und auf dunklem Hintergrund gut zu sehen. Mit ihrer Hilfe kann das Bodenpersonal am Flughafen auch in einem lärmintensiven Areal auf einen Blick erkennen, ob das Triebwerk in Betrieb ist oder stillsteht.

Wie funktioniert dieser Antrieb? Hinter den Triebwerksschaufeln teilt sich die Luft in zwei Ströme. Der erste Luftstrom wird in den Kompressor geführt und dort verdichtet. Ein vergleichbarer Druck entstünde, würde man die komplette Innenluft eines Autos absau- gen und in eine Waschmaschine pressen. Durch diesen Vorgang verlangsamt und erwärmt sich der Luftstrom und gelangt schließlich in die Brennkammer. Hier wird der Kraftstoff eingespritzt und verbrannt. Es ist ein rauer Ort, an dem Temperaturen über 2.000 Grad Celsius herrschen. Aus diesem Bereich heraus strömen die Verbrennungsgase mit Geschwindigkeiten über 1.000 Kilometer pro Stunde weiter zur Turbine und versetzen diese in Drehung. Die dort gewonnene Energie treibt das Schaufelrad und den Verdichter an, während die heiße Luft abkühlt und durch die Schubdüse am Ende des Triebwerkes austritt.

Der größte Teil der Schubkraft stammt jedoch vom zweiten Luft- strom. Dieser führt gigantische Luftmengen an der Triebwerkswand entlang und dient der Kühlung des Kompressors, der Brennkammer und der Turbine. Je größer der Durchmesser eines Triebwerkes ist, desto mehr Luftvolumen kann verarbeitet werden. Deshalb hängt die Triebwerksgröße direkt mit der Flugzeuggröße zusammen.

Beim Austritt nach hinten erzeugen die enormen Luftmengen durch einen Rückstoß den nötigen Schub. Je schneller dieser Vorgang durchgeführt wird, desto höher ist die Geschwindigkeit des Flugzeuges.

Doch die Triebwerke haben noch weitere Aufgaben und sind dafür mit zahlreichen technischen Bauteilen im Luftfahrzeug verbunden. So treibt der Luftstrom zusätzlich Generatoren an, die den Strom aller elektrischen Systeme an Bord erzeugen. Außerdem werden so die Hydraulikpumpen bewegt, mit deren Hilfe sich die Landeklappen aus- und wieder einfahren lassen. Auch die nötige Druckluft zur Regulierung der Klimaanlage, der Druckkabine sowie der Tragflächen- und Triebwerksenteisung kommt von den Turbinen.

Da den Triebwerken eine elementare Bedeutung zukommt, sind sie besonders robust gebaut und mit eigenen Sicherheitsmaßnahmen ausgestattet. Sie verfügen beispielsweise über ein unabhängiges Löschsystem und werden vor ihrer Zulassung für den Flugbetrieb umfangreich getestet. Für das Konstruktionsteam ist es wichtig zu beobachten, wie sich das Triebwerk im Schadensfall verhält, um geeignete Sicherheitsmaßnahmen zu schaffen. So kommt es etwa bei einem Testlauf zur Absprengung eines der Schaufelräder bei voller Drehzahl. Verbleiben die Teile nach der Sprengung im Gehäuse, gilt der Test als bestanden.

Eine fortwährende Gefährdung für die Triebwerksanlage geht von eingesaugten Materialien am Boden beziehungsweise dem sogenannten »Vogelschlag«, dem Zusammenstoß mit einem Vogel in der Luft, aus. Um diese Situation zu simulieren, werden mithilfe einer »Hühnerkanone« gefrorene Hühner oder vergleichbare, künstliche Gegenstände direkt in das Triebwerk geschossen. Die Rahmenbedingungen entsprechen dabei dem Zusammenstoß mit einem lebenden Tier. Bei einem optimal funktionierenden Antrieb wird der Vogel durch die Schaufelräder zunächst an den Rand der inneren Hülle gedrängt, von wo aus er mit dem zweiten Luftstrom wieder nach hinten hinausbefördert wird. Der Aufprall ist jedoch so stark, dass das Tier ihn nicht überleben kann. In vielen Fällen wird durch diese Konstruktion ein größerer Schaden vermieden. Sollte das Triebwerk dennoch Probleme bereiten, wird es noch während des Fluges abgestellt.

Dies mag besorgniserregend klingen, doch sämtliche Funktionen können komplett und ohne Einschränkung des Flugbetriebes vom zweiten Triebwerk übernommen werden. Dennoch entscheiden sich die meisten Piloten in dieser Situation für eine außerplanmäßige Sicherheitslandung, da das Schadensausmaß bei einer Inspektion am Boden deutlich besser festgestellt werden kann.

Das versteckte Hilfstriebwerk

Zusätzlich zu den Haupttriebwerken versteckt sich bei den gängigsten Flugzeugmodellen im Heck ein Hilfstriebwerk (engl. *auxiliary power unit*, kurz APU). Es ist dazu da, um die Stromversorgung am Boden zu gewährleisten, wenn die Haupttriebwerke ausgeschaltet sind. Die Inbetriebnahme des Hilfstriebwerkes kann mit bloßem Auge wahrgenommen werden, da ausströmende Gase am hinteren Teil des Flugzeuges ein Hitzeflimmern erzeugen.

Sollte das Hilfstriebwerk einen technischen Defekt haben oder der Betrieb aufgrund der Lärmentwicklung auf einem Flughafen nicht gestattet sein, kann elektrische Energie auch durch ein Bodenstromaggregat (engl. *ground power unit*, kurz GPU) ins Bordnetz gelangen. In diesem Fall ist das Flugzeug durch einen speziellen Steckkontakt mit dem Flughafen verbunden.

Die zweite wichtige Aufgabe des Hilfstriebwerkes ist, das Starten der Haupttriebwerke zu ermöglichen. Es liefert die benötigte Druckluft, um die Drehzahl einer Turbine auf etwa 10 bis 20 Prozent ihrer Leistung zu bringen, ehe das Haupttriebwerk von selbst zünden und weiterlaufen kann. Danach wird das Hilfstriebwerk abgeschaltet, da es für die eigentliche Flugdurchführung keinen Verwendungszweck hat und weder für die Erzeugung der Bordelektrizität noch für den Antrieb der Klimaanlage benötigt wird.

Was kann die Blackbox?

Der Flugschreiber, besser bekannt als »Blackbox«, ist ein technisches Gerät, das alle relevanten Daten eines Fluges aufzeichnet. Der englische Name, der so viel wie »schwarze Kiste« bedeutet, ist jedoch irreführend. Um im Falle eines Flugzeugunglücks leichter gefunden werden zu können, ist die »Blackbox« nicht schwarz, sondern rot oder leuchtend orange.

Dank ihres robusten Gehäuses aus rostfreiem Stahl oder Titan hält die »Blackbox« dem Aufprall auf das 3.400-Fache ihres Eigengewichtes stand und kann Temperaturen von bis zu 1.100 Grad Celsius überstehen. Außerdem ist die »Blackbox« wasserdicht und lässt sich bis zu einer Tiefe von 6.000 Metern orten. Damit der Flugschreiber auch in den abgelegensten Regionen gefunden wird, sendet das Gerät für die Dauer von mindestens dreißig Tagen jede Sekunde ein Signal.

Für gewöhnlich besteht die »Blackbox« aus zwei Einheiten: dem Cockpit-Stimmenrekorder und dem Flugdatenrekorder. Letzterer zeichnet um die 3.000 verschiedene Parameter der Flugzeugsysteme auf. Allen voran werden die Triebwerksdaten detailreich protokolliert. Zudem stehen Informationen etwa über Geschwindigkeit, Steuerkurs, Neigungswinkel, Wetterereignisse, Warnsignale und Flughöhe der letzten fünfundzwanzig Flugstunden zur Verfügung. Konfigurationen des Flugzeuges wie die Stellung der Start- und Landeklappen oder des Fahrwerkes werden ebenfalls dokumentiert sowie sämtliche Bewegungen der Steuerruder.
Der Stimmenrekorder hingegen zeichnet alle Gespräche auf, die in den letzten beiden Stunden im Cockpit geführt wurden. Qualitativ hochwertige Mikrofone ermöglichen nicht nur die lückenlose Erfassung aller Wortmeldungen, sondern auch die Tonaufnahme des Funkverkehrs. Und noch etwas ist besonders: Alle Bedien- und Steuerelemente im Cockpit haben eigene aussagekräftige Töne, die ebenfalls aufgezeichnet werden. Im Fall der nachträglichen Untersuchung eines Schadensereignisses ist es möglich, genau zu rekonstruieren, wann welcher Knopf betätigt wurde.

Um jegliche Einflussnahme auf die Aufzeichnungen, Datenmanipulation oder gar die Zerstörung der »Blackbox« zu verhindern, ist diese an einer nicht zugänglichen Stelle im Heck des Flugzeuges verbaut.

Der Treibstoffschnellablass

Beim Landevorgang sind häufig kleine Wölkchen an den Hinterkanten der Tragflächen zu sehen. Diese sind nichts anderes als verwirbelte Wasserteilchen, die bei hoher Luftfeuchtigkeit sichtbar werden. Fälschlicherweise erwecken sie den Eindruck, ein Flugzeug würde Treibstoff ablassen.

Ein Treibstoffschnellablass (engl. *fuel dumping*) ist nur in bestimmten Not- und Gefahrensituationen gestattet. Ein unabwendbarer Umstand muss diesen Vorgang rechtfertigen, für den es strenge Regeln gibt. Fluggesellschaften haben an einem routinemäßigen Ablassen von Treibstoff auch gar kein Interesse. Immerhin werden große Anstrengungen unternommen, um Kraftstoff einzusparen und auch finanziell würde das einen erheblichen Verlust bedeuten.

Doch warum gibt es diese Möglichkeit? Nur einige wenige Flugzeugtypen sind technisch dazu in der Lage, Treibstoff in der Luft abzulassen. Die gängigen Kurz- und Mittelstreckenflugzeuge verfügen nicht über derartige Vorrichtungen. In Gefahrensituationen können sie mit ihren kleineren Treibstofftanks und dem geringeren Gesamtgewicht rasch landen. Bei Langstreckenmaschinen ist der Gewichtsunterschied zwischen vollen Tanks beim Abflug und fast leeren Tanks bei der Ankunft jedoch so hoch, dass sie aufgrund der enormen Gewichtslast nicht unmittelbar nach dem Start wieder auf der Landebahn aufsetzen können. Auf das Fahrwerk und die Flugzeugstruktur würden zu große Kräfte wirken und eine sichere Landung damit erschweren.

Ein medizinischer Notfall könnte eine rasche Rücklandung dennoch erforderlich machen. Um die mitunter lebensnotwendige Versorgung eines Passagiers am Boden zu ermöglichen, bleibt keine Zeit, die Tanks stundenlang leer zu fliegen. Deswegen haben manche Langstreckenflugzeuge die technische Möglichkeit, den Treibstoff in der Luft abzulassen.

Über eine Vorrichtung wird der Tankinhalt zerstäubt, sodass dieser unmittelbar in der Atmosphäre verdunstet. Nur ein kleiner Prozentsatz erreicht tatsächlich den Boden. Da ein Treibstoffschnellablass sehr selten vorkommt, kann im notwendigen Fall von einer äußerst geringen Belastung der Umwelt ausgegangen werden.

Bremsen, bremsen, bremsen!

Die Geschwindigkeit eines Flugzeuges wird durch die Leistung der Triebwerke geregelt. Wird die Schubkraft reduziert, vermindert sich die Fluggeschwindigkeit. Zusätzlich können sogenannte Störklappen (engl. *speed brakes* oder *spoilers*) an der Flügeloberseite ausgefahren werden. Diese erhöhen den Luftwiderstand und das Flugzeug wird langsamer. Passagiere, die über den Tragflächen sitzen, können diesen Vorgang speziell bei der Landung sehr gut beobachten.

Im Landeanflug unterstützen die sogenannten Landeklappen das langsame Fliegen. Das Flugzeug setzt zunächst mit dem Hauptfahrwerk auf der Landebahn auf. Unmittelbar danach berührt das Bugfahrwerk den Boden. Durch die Flugzeugreifen entsteht ein Rollwiderstand, der ebenfalls eine bremsende Wirkung hat. Mit den Fußpedalen im Cockpit werden nun die Radbremsen betätigt. Die Störklappen werden gänzlich ausgefahren und die Schubumkehr wird aktiviert. Bei diesem Vorgang wird der Luftstrom im Triebwerk umgekehrt, sodass die Luft nach vorne strömt und zusätzlich bremst. Durch diese Möglichkeit der Verzögerung werden die Radbremsen entlastet und der Bremsweg entscheidend verkürzt. So dauert es keine 100 Sekunden, bis ein Flugzeug vollständig zum Stillstand kommt.

Das Fahrwerk und die Reifen

Die robust gebauten Fahrwerke (engl. *landing gear*) und die Flugzeugreifen sind die heimlichen Weltmeister im Gewichtheben. Auf ihnen liegt die Last des gesamten Flugzeuges. Neben dem Start und der Landung, bei denen Fahrwerk und Räder unverzichtbar sind, sorgen sie für eine gute Manövrierbarkeit des Flugzeuges auf Flughäfen und dienen mit ihren Stoßdämpfern als eine Art Abstandhalter, damit kein Teil der Maschine durch Kontakt mit dem Boden beschädigt wird.

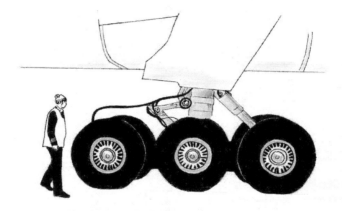

Anders als Autoreifen werden Flugzeugreifen nicht mit Luft, sondern mit Stickstoff befüllt. Dieses Gas schützt die schlauchlosen Reifen vor Überhitzung. Jeder einzelne ist mehrere Schichten dick und bringt je nach Größe 100 bis 150 Kilogramm auf die Waage. Das Material ist sehr widerstandsfähig und hält problemlos großen Temperaturschwankungen stand. Durch den nicht unerheblichen Gummiabrieb bei Start und Landung kommt es allerdings zum Reifenverschleiß. Immerhin sind je nach Flugzeugtyp Aufsetzgeschwindigkeiten von durchschnittlich 200 bis 260 Kilometer pro Stunde üblich. Die dabei entstehenden Kräfte an der Fahrwerkkonstruktion werden über die Reifen und die Stoßdämpfer gemindert und abgefangen. Vor jedem Flug werden die Profiltiefe und der Reifendruck überprüft, sodass Mängel schnell erkannt werden.

Bestehen Zweifel an der zuverlässigen Funktion eines Reifens oder sind gar Schäden entstanden, wird das betroffene Rad umgehend ersetzt. Flugzeugreifen landen nach ihrem Einsatz aber nicht im Müll. Nach einer gründlichen Aufbereitung können sie mehrmals wiederverwendet werden.

Das Fahrwerk wird im Schnitt alle acht Jahre beim sogenannten »D-Check« komplett auseinandergebaut und von Grund auf überholt. Mit modernster Technik werden kleinste Risse und Anzeichen von Korrosion aufgespürt und gegebenenfalls repariert, bevor die Konstruktion nach einem erneuten Test wieder am Flugzeug verbaut wird.

Die Steuerung des Fahrwerkes erfolgt über das Cockpit. Elektronische Sensoren überwachen die hydraulisch gesteuerte Anlage und zeigen auf einer Kontrollleiste an, ob das Fahrwerk ein- oder ausgefahren ist. Anhand von farblich unterstützten Anzeigefeldern kann die jeweilige Position festgestellt und durch einen Hebel verändert werden.

Falls die Hauptanlage einer technischen Störung unterliegt, verfügen Verkehrsflugzeuge über eine einfache und zugleich geniale Sicherheitsalternative: Im Cockpit befindet sich zusätzlich eine manuell gesteuerte Einrichtung, mit deren Unterstützung das Fahrwerk im Notfall entriegelt wird. Den Rest erledigt die Schwerkraft, die das Fahrwerk durch sein Eigengewicht nach unten zieht und einrasten lässt. Selbst im unwahrscheinlichen Fall einer defekten Hydraulikanlage während des Fluges, steht mit dieser Methode einer sicheren Landung nichts im Wege.

Fliegen & Unterhaltung

Geschichte und Moderne

Dass die Menschheit schon sehr lange vom Fliegen fasziniert ist, macht der Fund eines über 4.000 Jahre alten sumerischen Siegels deutlich, auf dem der Hirte Etana reitend auf einem Adler zu sehen ist. Diese Abbildung ist die älteste bekannte Darstellung eines fliegenden Menschen. In nahezu allen Kulturen lassen sich Sagen, Legenden, Mythen und Erzählungen über Himmelskörper und fliegende Lebewesen nachweisen. Allerdings dauerte es ein paar Jahrtausende, bis die Menschheit in der Lage war, die Luftfahrt aus einem technischen Blickwinkel zu betrachten.

Der italienische Künstler und als Universalgenie bekannte Leonardo da Vinci fertigte im 15. Jahrhundert Skizzen von einer Luftschraube an, die an heutige Helikopter erinnern. Wirklich fliegen konnte sie nicht, aber da Vincis Ideen waren für andere Erfinder eine große Inspiration. In den darauffolgenden Jahrhunderten gab es viele abenteuerliche Versuche Gegenstände, Tiere und Menschen in die Luft zu bringen, doch die meisten von ihnen endeten tragisch. Es fehlte an tiefgründigem aerodynamischem Wissen.

Erst Ende des 19. Jahrhunderts gab es mit den Flugversuchen des deutschen Luftfahrtpioniers Otto Lilienthal entscheidende Fortschritte in der Entwicklung der heutigen Luftfahrt. Lilienthal studierte das Flugverhalten der Vögel und versuchte sein erlangtes Wissen über die Aerodynamik bestmöglich in eigenen Flugapparaten umzusetzen. Mutig genug seine Konstruktionen zu testen, gelang es ihm, mehrere erfolgreiche Gleitflüge durchzuführen.

An seine Erkenntnisse konnten Anfang des 20. Jahrhunderts das US-amerikanische Brüderduo Wilbur und Orville Wright mit Erfindungen im kontrollierten Motorflug anschließen. Zusammen mit anderen Entwicklern wurden flugfähige Maschinen entworfen, die Aerodynamik und die Steuereinheiten verbessert und so das neue Zeitalter des Fliegens eingeläutet.

Durch weitere bahnbrechende Ideen und Erfindungen wuchs in der ersten Hälfte des 20. Jahrhunderts mit der Luftfahrt ein bedeutsamer wirtschaftlicher Industriezweig heran. Gleichzeitig begann ein Wettstreit um schnellere und höher fliegende Flugzeuge. Längst kamen zum zivilen Nutzen militärische Interessen hinzu, die den technischen Fortschritt weiter vorantrieben. Die Flugzeugformen wurden immer vielfältiger und die verschiedensten Materialien hinsichtlich der Eignung für den Flugzeugbau erprobt.

Mit dem Jungfernflug der britischen »de Havilland DH 106 Comet« begann im Jahr 1949 das Zeitalter des ersten in Serie produzierten Passagierflugzeuges mit Jetantrieb. Es entwickelte sich jener industrielle Flugzeugbau, den wir in dieser Form noch heutzutage kennen.

Neunzehn Jahre später wurde die technische Sensation perfekt. Die sowjetische »Tupolew Tu-144« durchbrach als erste Passagiermaschine die Schallmauer und das zwei Monate früher als die wohl bekanntere »Concorde«, die am 2. März 1969 den Himmel eroberte. Aufgrund der teuren Flugtickets blieb der Mitflug in diesem Überschallflugzeug bis zu seiner Einstellung im Jahr 2003 einem kleinen Personenkreis vorbehalten.

Ebenfalls im Jahr 1969 sorgte ein ganz anderes Flugzeug für Aufsehen. Mit der »Boeing 747« baute der US-amerikanische Hersteller sein Erfolgsmodell und das lange Zeit größte Passagierflugzeug der Welt. Es ist mit vier Triebwerken und zwei Passagierdecks ausgestattet und wurde in Anlehnung an den Elefantenkönig »Jumbojet« genannt. Bis zum Jahr 2005 blieb die »Boeing 747« das Großraumflugzeug der Superlative, ehe sie diesen Titel an den europäischen Konkurrenten abgeben musste. Bis heute ist der »Airbus A380« das größte Passagierflugzeug, das je gebaut wurde.

Heutzutage sind die technischen Neuerungen in der Luftfahrt-branche weniger auf die Vergrößerung der Flugzeuge ausgerichtet. Stattdessen gilt die Konzentration dem Umweltschutz, mit dem Ziel das Fliegen sparsamer, effizienter und umweltfreundlicher zu machen. Doch solange es an alternativen Antriebsarten fehlt, benötigt es Maßnahmen, um den bestehenden Flugzeugpark auf-zurüsten. So wird beispielsweise an der Reduktion des Schadstoff-ausstoßes bei Triebwerken der neuesten Generationen gearbeitet. Auf vielen Flughäfen gibt es zudem Einschränkungen bis hin zu Flugverboten für ältere Maschinentypen. Schließlich hilft jede Anstrengung dabei, den übermäßigen CO_2-Ausstoß einzudämmen, der für die rasche Erwärmung des Klimas mitverantwortlich ist.

Immer mehr Fluglinien informieren ihre Fluggäste bei der Buchung des Tickets zudem über den ökologischen Fußabdruck, etwa per Emissionsrechner, der die aktuellen Verbrauchsdaten des Fluges ermittelt. Neben dieser Bewusstseinsbildung wird es jedoch neue Ideen und Konzepte brauchen, um auch zukünftigen Generationen Flüge in sämtliche Gebiete unseres Planeten zu ermöglichen.

Freiheit über den Wolken

Der Flugverkehr ist gut vernetzt, es existiert kaum ein Ort auf der Welt, der sich nicht mit Direkt- oder Umsteigeverbindungen erreichen lässt. Selbst in entlegene Gebiete ist eine Anreise mit dem Flugzeug oder Helikopter heutzutage möglich.

Damit dieses Netz überall funktioniert, arbeiten die internationalen Staatengemeinschaften eng zusammen. Mit den sogenannten »Freiheiten der Luft« (engl. *freedoms of the air*) wurden rechtliche Grundlagen geschaffen, um Staatsgrenzen problemlos überfliegen zu können.
Welche Regeln für das Fliegen durch fremden Luftraum gibt es? Im Allgemeinen ist die Benutzung der Lufträume frei, sofern örtliche Gesetze keine anderslautenden Bestimmungen enthalten.

Jeder Staat entscheidet demnach eigenständig über sein Hoheitsgebiet. Das internationale Recht zum Überflug kann gebietsweise aus Sicherheitsgründen jederzeit eingeschränkt oder untersagt werden.

Ein Luftraum, der für einfliegende Flugzeuge potenziell gefährlich ist, wird als Gefahrengebiet (engl. *danger area*) bezeichnet. Zumeist sind militärische Anliegen, wie zum Beispiel Luftkampfübungen, der Grund dieser Beschränkung. Da sie jedoch örtlich und in ihrer Höhe eingeschränkt sind, können sie problemlos um- oder überflogen werden.

Geht es um den Schutz des Luftverkehrs beziehungsweise den Schutz am Boden befindlicher Anlagen, werden Beschränkungsgebiete (engl. *restricted areas*) eingerichtet. Der Flug durch solche Sondergebiete ist an Bedingungen geknüpft. Diese können das Einhalten einer Mindestflughöhe oder eine zeitliche Nutzungseinschränkung sein. Spezielle Bauwerke wie Kernkraftanlagen oder religiös beziehungsweise touristisch genutzte Einrichtungen lassen sich so leichter beschützen.

Um den zivilen Luftverkehr gänzlich fernzuhalten, gibt es die Möglichkeit Sperrgebiete (engl. *prohibited areas*) festzulegen. Im Fall kriegerischer Auseinandersetzungen kann der Luftraum in bestimmten Gebieten so dauerhaft gesperrt werden. Bei einem Staatsempfang oder einer ähnlich sensiblen Veranstaltung sind sie in der Regel nur zeitweilig aktiv. In manchen Ländern ist der Unterschied zwischen einem Beschränkungsgebiet und einem Sperrgebiet allerdings kaum zu erkennen. In beiden Fällen kann der Ein- und Überflug strikt verboten werden.

Privatperson haben übrigens eine gesetzliche Duldungspflicht und können den Überflug über ihren Garten, das Haus oder die landwirtschaftliche Nutzungsfläche zu keinem Zeitpunkt unterbinden. Im Gegenzug wird auf Verfahren zur Vermeidung der Lärmbelastung gesetzt, etwa durch speziell geplante Flugrouten sowie festgeschriebene Mindestflughöhen. Um direkte Anwohner eines Flughafens zu entlasten, kommen vermehrt steilere Anflüge und andere lärmarme Flugmanöver zur Anwendung.

Was ist der Jetlag?

Bei einem Langstreckenflug werden mehrere Zeitzonen durchquert – wenige Stunden später befindet man sich nicht nur in einem anderen Land, sondern in einem völlig neuen Tagesrhythmus. Die innere Uhr gerät durch das Verkürzen oder Verlängern des Tages komplett aus dem Gleichgewicht und die Tages- und Nachtstunden passen nicht mehr so recht zum gewohnten Tagesablauf.

Flüge in östlicher Richtung werden in der Regel als unangenehmer empfunden. Das liegt an der Rotationsbewegung unserer Erde, die ebenfalls in östliche Richtung verläuft, was somit zu einer Verkürzung des Tages führt. Bei Flügen, die spätabends oder in der Nacht starten, vermindern sich die Stunden der Dunkelheit erheblich. Spätestens jetzt bekommt Ihr Körper die veränderte Tagesstruktur, in diesem Fall durch Schlafmangel, richtig zu spüren.

Umgekehrt bedeutet dies bei einem Flug von Europa in die USA, dass der Tag an Stunden »hinzugewinnt«. Bei einem Flug nach Westen steht also das Tageslicht länger zur Verfügung, was im Regelfall besser zu verkraften ist.

Der rasche Wechsel von Zeitzonen ist für den Körper schwer verträglich, da der gewohnte Schlaf-wach-Rhythmus sich teils stark verschiebt. Die Folgen können Appetitlosigkeit, Müdigkeit, Schlafstörungen sowie Stimmungsschwankungen und körperliche Beschwerden sein. Besonders anfällig ist der menschliche Verdauungstrakt. Er ist auf die Zeitzone des Herkunftslandes eingestellt und arbeitet danach. Magen und Darm brauchen eine Weile, um sich an den neuen Rhythmus zu gewöhnen.

Als Faustregel gilt: Für jede durchquerte Zeitzone benötigt der Körper einen Tag, um sich anzupassen. Fliegen Sie also von Dubai in den Vereinigten Arabischen Emiraten nach Kuala Lumpur in Malaysia und durchqueren dabei vier Zeitzonen, können Sie mit vier Tagen Anpassungszeit rechnen.

Wie intensiv Sie den Jetlag tatsächlich erleben ist sehr individuell und lässt keine Rückschlüsse auf Ihr Alter oder Ihren Gesundheitszustand zu. Eine Ausnahme bilden Babys: Da sich ihre innere Uhr im Aufbau befindet, hat sich während der ersten Lebenswochen noch kein Tag-Nacht-Rhythmus eingestellt.

Linderung des Jetlags

Gänzlich vermeiden lässt sich ein Jetlag aus biologischer Sicht nicht. Allerdings gibt es einige Strategien, die Ihr Wohlbefinden steigern und die Auswirkungen abfedern können. Nach einem Langstreckenflug ist jeder Flugreisende erschöpft, denn sowohl das lange Sitzen im Flugzeug als auch der Wechsel in eine neue Zeitzone wirken auf den Körper belastend. Daher sollten am Ankunftstag ausreichend Ruhephasen eingeplant werden. Dennoch ist es empfehlenswert, sich möglichst schnell in die neue Ortszeit einzuleben.

Entspannungsübungen helfen dem Körper den Tagesstress loszulassen und in den Ruhemodus zu gelangen. Angenehme Musik, ein leicht zu lesendes Buch oder ein heißes Bad vor der Nachtruhe können diesen Effekt unterstützen. Achten Sie zudem auf ein optimales Raumklima und verdunkeln Sie Ihr Zimmer, um Ihrem Körper den Weg in einen erholsamen Schlaf zu erleichtern. Verwahren Sie Gegenstände, die Sie an Ihre Arbeit erinnern, ebenso wie elektronische Geräte außer Sichtweite in einem anderen Raum auf. Sollte das Einschlafen trotzdem nicht gelingen, kann ein Spaziergang helfen.

Idealerweise stehen Sie in der neuen Zeitzone jeden Tag zur gleichen Uhrzeit auf. Damit wird der Tagesrhythmus vorgegeben und dem Körper bei der Anpassung geholfen. Außerdem ist es ratsam, während der Eingewöhnungszeit alle zusätzlich belastendenden Angewohnheiten wie den Verzehr fett- und zuckerreicher Speisen sowie Alkohol- und Zigarettenkonsum zu vermeiden.

Geschäftsreisenden stehen meist nur kurze Regenerationszeiten im Zielland zur Verfügung. Berufliche Termine sind häufig unmittelbar nach der Ankunft angesetzt. Mit einem kleinen, allerdings nur vorübergehend wirkenden Trick ist es möglich, gegen die Müdigkeit anzukämpfen. Der Tages- und Nachtrhythmus wird unter anderem durch das Hormon Melatonin gesteuert, das bei einbrechender Dunkelheit vom Körper produziert wird. Müdigkeit ist die Folge. Licht hingegen hemmt die Bildung des Schlafhormons. Daher gilt: Haben Sie unmittelbar nach der Ankunft einen wichtigen Termin und keine Zeit sich auszuruhen, verbringen Sie so viel Zeit wie möglich im Sonnenlicht, um daraus neue Kraft zu schöpfen.

Mit zunehmendem Alter erzeugt der Körper weniger Melatonin und der Schlafbedarf sinkt. Daher können ältere Reisende bereits durch bewusste Entspannung auch ohne lange Tiefschlafphasen eine Linderung des Zeitzonen-Stresses erreichen.

Nur bei einer sehr kurzen Reisedauer von einem bis maximal drei Tagen kann es sinnvoll sein, den heimischen Rhythmus beizubehalten. Sollte dies nicht möglich sein, helfen auch hier längere Ruhe- und Entspannungsphasen, den Jetlag zu mildern.

Das (fehlende) Bordmenü

Die Verpflegung an Bord ist für einen großen Teil der Passagiere ein wichtiger Aspekt bei einer Flugreise. Der Essens- und Getränkeservice blickt auf eine lange Tradition im Flugverkehr zurück. In den Anfängen der kommerziellen Luftfahrt, als ein Flugzeug noch kein Massenverkehrsmittel war, konnte mit dem Bordmenü die Exklusivität eines Fluges demonstriert werden.

Zugleich war es ein Signal an alle, die zum ersten Mal geflogen sind, dass die Furcht vor dem Fliegen nicht gerechtfertigt ist. Denn wie kann etwas gefährlich sein, wenn so etwas Banales und Alltägliches wie die Nahrungsaufnahme ohne Weiteres an Bord möglich ist?

Dieser Grundgedanke ist bis heute erhalten geblieben. Das Essen lenkt nicht nur von Ängsten und Sorgen ab, es steigert auch das Wohlbefinden und die persönliche Zufriedenheit.

Aus flugmedizinischer Sicht geht die Bedeutung der Bordverpflegung über das natürliche Durst- und Hungergefühl hinaus. Je länger ein Flug andauert, desto höher ist die Gefahr an Flüssigkeitsmangel zu leiden. Durch die trockene Luft an Bord dehydriert der Körper schneller als am Boden.

Auch die fehlende Nahrungsaufnahme ist nicht unproblematisch. In Verbindung mit Turbulenzen kann sich das körperliche Wohlbefinden rapide verschlechtern. Senkt sich der Blutzuckerspiegel, kann dies unter anderem Schwitzen, Heißhunger oder Konzentrationsschwäche hervorrufen. All das könnte zu einem erhöhten Frustrationspegel oder gar einem gesteigerten Aggressionspotenzial bei den Reisenden führen. Doch nichts davon ist in einem Flugzeug erstrebenswert.

Selbst auf Flügen mit kurzer Dauer wünschen sich zahlreiche Fluggäste eine Mahlzeit. Falls überhaupt, werden auf Kurzstreckenflügen nur kleinere Snacks angeboten. Je nach Fluglinie und Leistungsumfang des Tickets können diese entweder im Flugpreis enthalten sein oder gegen Aufpreis erworben werden. Lediglich bei Langstreckenflügen ist es üblich, komplette Menüs im Ticketpreis zu inkludieren.

Manche Fluggesellschaften bemühen sich um einen besonders guten Service an Bord. Immerhin zählt die Bordverpflegung zu einem der wenigen Punkte, die es den Passagieren ermöglichen, konkurrierende Unternehmen zu vergleichen. Die ordnungsgemäße Flugzeugwartung kann ein Reisegast nicht bewerten. Ein gutes Catering, serviert von einer freundlichen Flugbegleitung, sehr wohl.

Der logistische Aufwand, der hinter dem Flugzeugcatering steckt, ist beachtlich. Das Essen wird in Großküchen zubereitet, gefroren oder zum sofortigen Transport verpackt. Die Angebotspalette umfasst neben den Hauptmahlzeiten wie Frühstück, Mittag- und Abendessen auch diverse Zwischengerichte. Darüber hinaus gibt es erhebliche Unterscheidungen in der Auswahl der Speisen für Gäste der *Economy*, *Business* oder *First Class*. Optional bieten manche Unternehmen eigene Kindermenüs an. Die Fluggesellschaften allein bestimmen, was es an Bord zu essen gibt. Dafür wählen sie aus dem umfangreichen Angebot meist jene Menüs aus, die von der Mehrheit der Flugreisenden gemocht werden.

Großküchen und Cateringunternehmen sind gut darauf vorbereitet, auch Sonderwünsche wie vegetarisches oder veganes Essen schmackhaft zuzubereiten. Religiöse Ernährungsvorschriften können auf Wunsch ebenfalls eingehalten werden. Für welche Speisen sich die Fluggesellschaften auch entscheiden, auf geruchsintensive Mahlzeiten wird generell verzichtet.

Sobald der Abflug näher rückt, werden die Servierwägen (engl. *trolleys*) am Boden gefüllt und sortiert. Der komplette Inhalt wird abgezählt und überprüft. Im Flugzeug ist hierfür weder ausreichend Zeit noch der nötige Platz vorhanden. Computergestützte Programme kontrollieren den Vorgang und sorgen für einen reibungslosen Ablauf innerhalb der gesamten Lieferkette. Spezialfahrzeuge heben das vorbereitete Catering über eine Hebebühne in die Verkehrsmaschine, woraufhin es in der Bordküche (engl. *galley*) verstaut wird.

Ist die Essenszeit gekommen, erwärmt das Flugpersonal die Mahlzeiten im Ofen und platziert sie auf dem Servierwagen. Diese letzten Vorbereitungen erfolgen zügig, da alle möglichst zeitgleich ihre Speisen serviert bekommen möchten. Nach einem festgelegten Ablauf und einer vorab besprochenen Arbeitsteilung erfolgt dann die Essens- und Getränkeausgabe durch die Kabinenbesatzung.

Die Essensvorschriften der Crew

Eine Flugzeugcrew arbeitet im Schichtdienst, was bedeutet, dass es keinen geregelten Tagesablauf und somit keine festen Essenszeiten gibt. Um sich dennoch gesund zu halten, ist ein verantwortungsvoller Umgang mit fettigen, süßen und kalorienreichen Speisen unerlässlich. Die eigene Gesundheit steht beim Flugpersonal an erster Stelle, um den physischen Anforderungen an das Fliegen gewachsen zu sein. Letztlich hängt auch die Flugtauglichkeit von der Ernährung und dem Essverhalten ab, dessen ist sich jedes Crewmitglied bewusst.

Um zusätzlich die Gefahr einer Lebensmittelvergiftung so gering wie möglich zu halten, sind Flugbegleiter und Piloten angewiesen, keine rohen Fleisch- oder Fischgerichte zu sich zu nehmen.

Auch schreiben manche Fluggesellschaften ihrer Cockpitbesatzung vor, dass sie während des Flugdienstes unterschiedliche Speisen zu sich nehmen sollen. In diesem Fall steht den Piloten eine Auswahl an Mahlzeiten zur Verfügung. Zwar sind verdorbene Zutaten bei den Cateringunternehmen äußerst selten, dennoch ist es nicht ausgeschlossen, dass einmal etwas nicht stimmt. Sollte ein Pilot aufgrund seines Essens erkranken, kann der andere die sichere Flugdurchführung gewährleisten und gegebenenfalls die Maschine auch allein an ihrem Zielort landen.

Himmlische Unterhaltung

Die Gäste an Bord mittels Multimediaangeboten zu unterhalten ist nicht nur eine Serviceleistung der Fluggesellschaften. Zwar wird mittlerweile eine entsprechende Ausstattung von den meisten Flugreisenden vorausgesetzt, dennoch stehen auch psychologische und soziologische Überlegungen hinter dieser Entscheidung. Bereits das Fehlverhalten eines einzigen Passagiers kann sowohl für ihn selbst als auch für andere Fluggäste unangenehme Folgen haben.

Je länger die Flugreise andauert, desto höher wird dieses Gefahren-potenzial eingeschätzt. Deswegen liegt es an den Fluggesellschaften, keine Langeweile aufkommen zu lassen.

Als erste Luftfahrtgesellschaft zeigte die US-amerikanische »Aero-marine Airways« im Jahr 1921 einen Film in ihrem Wasserflugzeug. Elf Jahre danach wurde an Bord eines Luftfahrzeuges der kalifor-nischen »Western Airlines« erstmalig eine TV-Sendung übertragen. Viele weitere Jahre vergingen, ehe 1963 die Kopfhörer den Einzug ins Flugzeug fanden. Weitere Meilensteine waren die ersten Video-spiele im Jahr 1975, gefolgt von individuell nutzbaren Audiosyste-men im Jahr 1985.

Die ersten im Sitz eingebauten Video-Entertainmentsysteme gab es ab 1988. Im Jahr 2003 bot die deutsche Fluggesellschaft »Lufthansa« weltweit erstmalig eine Breitband-Internet-Verbindung während eines Langstreckenfluges an und schuf damit einen neuen Trend.

Zusätzlich zu den klassischen Unterhaltungsangeboten bietet die ein oder andere Luftfahrtgesellschaft ein *Moving Map System* an, das detailreiche Informationen zum Flugablauf liefert und den Reisenden ermöglicht, die Navigation nachzuvollziehen. Um eine Darstellung in Echtzeit zu erhalten, werden die nötigen Daten dem Navigationscomputer des Flugzeuges entnommen. Neben der aktuellen Position können Angaben über Flugroute, Flugdauer, Außentemperatur sowie Reisehöhe und -geschwindigkeit auf dem Bildschirm mitverfolgt werden.

Für die Luftfahrtindustrie bedeuten die vielfältigen Unterhaltungs-möglichkeiten immer einen Kompromiss zwischen werbetauglicher Serviceleistung und hohen Installations- und Anschaffungskosten. Durch die ununterbrochene Nutzung der Elektronik sind außer-dem regelmäßige Wartungen und Erneuerungen notwendig, die der Fluggesellschaft zusätzliche Ressourcen im Personalbereich abverlangen.

Das Einmaleins der Maßeinheiten

In vielen Bereichen der Wissenschaft, Wirtschaft und Technik wird mit internationalen Maßeinheiten gearbeitet. Damit sich alle auf dieselben Werte beziehen können und umständliche Umrechnungen entfallen, hat man sich auf eine Vereinheitlichung verständigt.

Am weitesten verbreitet ist das Internationale Einheitensystem (kurz SI), das die Basisgrößen aus dem metrischen System enthält. Obwohl die Internationale Zivilluftfahrtorganisation ICAO exakt dieses Einheitensystem zum weltweiten Einsatz empfohlen hat, konnte es sich in der Luftfahrt nicht durchsetzen. Stattdessen wird mit abweichenden Maßeinheiten gearbeitet, die sich zum Teil von Land zu Land unterscheiden. Achtung, es kann ein wenig verwirrend werden!

Der Höhenmesser kann auf zwei verschiedene Einheiten des Luftdrucks eingestellt werden: *Hectopascal* (hPa), das nahezu überall auf der Welt genutzt wird, oder *Inch of Mercury* (inHg), das vor allem in den USA und Kanada üblich ist. Geht es jedoch um den Luftdruck eines Flugzeugreifens, kommt keiner der beiden Druckangaben zur Anwendung. Stattdessen wird *Pounds per Square Inch* (psi) verwendet.

Windgeschwindigkeiten werden den Piloten in China und Russland in Meter pro Sekunde (m/s) angegeben. Üblicher ist im Rest der Welt hingegen die Angabe in Knoten (kn oder kt). Das ist auch jene Einheit, die als Parameter für die Fluggeschwindigkeit von Verkehrsflugzeugen verwendet wird. Kleinere (Propeller-)Flugzeuge, wie etwa Sportflugzeuge, haben oftmals eine zusätzliche Anzeige nach Meilen pro Stunde (mph). Manche Segelflugzeuge zeigen im Gegensatz dazu Kilometer pro Stunde (km/h) an.

International wird das Längenmaß mit der Einheit Fuß (ft) angegeben, doch China folgt lieber dem metrischen System. Deswegen wird dort nach Metern (m) geflogen. Und selbst in jenen Ländern, in denen Fuß genutzt wird, werden die Bodensichtweiten teils dennoch in Metern genannt.

Die Vielfalt des Einheitensystem wird durch Gewichtsangaben bei der Betankung ergänzt. Je nachdem, um welchen Flugzeugtyp es sich handelt, in welchem Land es sich gerade zum Auftanken befindet und welche Treibstoffberechnungsmodelle eine Fluggesellschaft verwendet, kommen gleich mehrere Referenzwerte wie US-Gallonen (gal), Pfund (lb), Liter (l) und Kilogramm (kg) infrage. Dadurch kann es sein, dass ein Flugzeuginstrument die Treibstoffmenge an Bord in einer Einheit darstellt, der Treibstoff in einer weiteren Einheit getankt und nach einer dritten verrechnet wird.

Einigkeit gibt es hingegen bei der koordinierten Weltzeit (engl. *Coordinated Universal Time*, kurz UTC), deren örtliche Ausgangslage im Londoner Stadtteil Greenwich zu finden ist. Aus ihr werden die Zeitzonen abgeleitet und die Zeitverschiebungen berechnet.

Navigation & Cockpit

Wegpunkte und Luftstraßen

In den Anfängen der Luftfahrt flog man ausschließlich nach Sicht. Berge, markante Landschaftsformen, Seen, Flüsse, Sterne und andere traditionelle Navigationspunkte dienten der Positionsbestimmung. Heutzutage messen sogenannte Trägheitsnavigationssysteme verschiedene Daten wie Neigungswinkel, Position und Beschleunigung des Flugzeuges. In Kombination mit dem globalen Navigationssatellitensystem (engl. *Global Navigation Satellite System,* kurz GNSS) weiß das Bordsystem präzise über den momentanen Standort Bescheid.

Mit den Systemen kann genau berechnet werden, zu welcher Zeit ein Punkt in einer bestimmten Höhe entlang der Route überflogen wird. Durch diese Genauigkeit lässt sich selbst dann ein sicherer und präziser Flug gewährleisten, wenn die Sicht nach außen durch Schlechtwetter oder Dunkelheit eingeschränkt ist. Sie können die ermittelten Daten der Navigationscomputer in vereinfachter Form oftmals auf den Videomonitoren im Flugzeug verfolgen.

Überall im Luftraum gibt es Wegpunkte, Luftstraßen, Kreuzungen und auch Einbahnrichtungen. Ein Flugzeug fliegt also nicht willkürlich in der Gegend umher, sondern folgt festgelegten Routen. Vorstellen kann man sich das wie ein dreidimensionales Autobahnnetz, das mehrstöckig in der Luft aufgebaut ist. Auf seiner Reise durchfliegt das Flugzeug verschiedene Lufträume, in denen es jeweils unterschiedliche Regeln zu beachten gibt. So könnte eine dieser Regeln lauten, dass ein Bereich nur von Verkehrsflugzeugen, nicht jedoch von Sportflugzeugen genutzt werden darf. Koordiniert und überwacht werden die einzelnen Sektoren von den Fluglotsen. Sie übernehmen die Verantwortung für alle Flugzeuge, die in ihrem definierten Luftraum unterwegs sind.

Wie das Verkehrsnetz am Boden haben auch die Luftstraßen verschiedene Auf- und Abfahrtspunkte, die individuell benannt werden. Für gewöhnlich enthalten die Namen fünf Buchstaben, bestehend aus Vokalen und Konsonanten. Diese werden zumeist in Anlehnung an geografische Bezugspunkte wie etwa Städte, Berge oder Seen gewählt. Die Buchstaben können aber auch eine frei erfundene Bezeichnung ergeben, die im Flugfunk leicht verständlich ist.

Im US-amerikanischen Bundesstaat Florida ist der internationale Flughafen von Orlando dafür bekannt Namen auszuwählen, die in Verbindung mit Freizeitparks in seiner Nähe stehen. Im Anflugbereich finden sich Wegpunkte wie etwa MINEE, ALADN und BUGGZ. Sie stehen für die fiktiven Charaktere *Minnie Mouse*, *Aladdin* und *Bugs Bunny*. Der Wegpunkt CWRLD macht auf den ebenso bekannten Ozeanpark aufmerksam. Solche einprägsamen Namen sind als Navigationspunkte aber eher die Ausnahme. Dennoch erfüllen sie ihren Zweck und vermeiden durch ihre Einzigartigkeit die Verwechslung mit ähnlich klingenden Wegpunkten.

Der Kurvenflug

Um die Fluglage im dreidimensionalen Raum zu ermitteln und präzise horizontale wie vertikale Flugmanöver durchzuführen, ist der künstliche Horizont das primäre Fluginstrument.

76

Bezogen auf die Längsachse des Flugzeuges zeigt er im Kurvenflug die Schräglage an, die in Grad gemessen wird. Standardkurven werden mit einer Querneigung von circa 25 bis 33 Grad geflogen. Diese Werte werden bei jedem Flugabschnitt, wie dem Steigflug, dem Reiseflug sowie dem Sink- und Landeanflug, eingehalten.

Moderne Verkehrsmaschinen überwachen ihre eigenen Flugmanöver. Sollte ein Höchstwert überschritten werden, so ertönt ein Warnsignal im Cockpit. Ist aus irgendeinem Grund eine höhere Kurvenrate notwendig, lässt sich das Flugzeug über diese Werte hinaus steuern. Aus aerodynamischer Sicht sind sogenannte Steilkurven mit einem Neigungswinkel von mehr als 45 Grad möglich. Dennoch kommen derart hohe Querneigungen bei keinem Routineflug vor. Die Fluggäste wären weit außerhalb ihrer Wohlfühlzone und jeglicher Komfort nicht mehr gegeben.

Die Raumaufteilung im Cockpit

Vielleicht konnten Sie beim Ein- oder Aussteigen schon mal einen Blick ins Cockpit erhaschen und haben über die Vielzahl bunter und scheinbar willkürlich angeordneter Tasten, Knöpfe und Hebel gestaunt? Dabei ist das Cockpit als Arbeitsplatz gut durchdacht und bei den gängigsten Verkehrsflugzeugen ähnlich strukturiert aufgebaut. Piloten nennen die Kommandozentrale oftmals liebevoll ihr »Büro mit dem Schreibtisch zur Sonne«.

Auf dem mittleren Bedienpult (engl. *pedastal*) zwischen den Piloten befinden sich der Schubhebel, der Wahlschalter zum Ein- und Ausfahren der Landeklappen sowie Teile der Funk- und Navigationseinrichtungen. Jener Bestandteil des Autopiloten, der für die langfristige Flugplanung (zum Beispiel für die Programmierung der Flugstrecke) zuständig ist, befindet sich ebenfalls hier. Direkt vor den Piloten sind mehrere Monitore angebracht, die unter anderem die Fluglage und die Betriebsgrenzen des Flugzeuges anzeigen. Zur Sicherheit haben beide Flugzeugführer idente Informationen auf ihren Bildschirmen, um Flugrichtung, Geschwindigkeit und Höhe zu überwachen. Dazu gehört das Basisinstrument eines Piloten, der künstliche Horizont. Ein Flug bei schlechter Sicht oder Dunkelheit wäre ohne dieses Instrument unmöglich.

Durch das Wetterradar können Gewitter entlang der Flugroute aufgespürt werden. Ebenfalls zur Streckenüberwachung gehört das Kollisionswarngerät, das herannahende Flugzeuge zuverlässig erkennt und die Crew rechtzeitig alarmiert.

Das Steuerhorn sieht in jedem Flugzeugtyp etwas anders aus und befindet sich entweder direkt vor dem Oberkörper oder als sogenannter »Sidestick« seitlich der Piloten.

An der Flugzeugdecke (engl. *overhead panel*) befinden sich die technischen Systeme, die zur Bedienung und Überwachung der Bordelektronik, der Treibstofftanks, der Innen- und Außenbeleuchtung, der Enteisungsvorrichtung sowie der Rauchmelder und der Feuerlöschanlagen vorgesehen sind. Um die Knöpfe und Schalter leichter auseinanderzuhalten sind sie zusätzlich beschriftet. Speziell in stressigen Flugphasen wird damit eine Verwechslung vermieden. Bei Dämmerungs- und Nachtflügen kann außerdem die Lichtstärke angepasst werden.

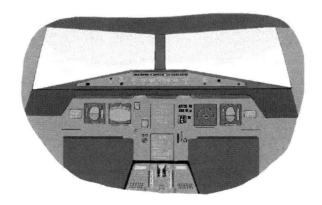

Wenn ein technisches Bauteil oder ein Instrument während des Fluges seinen Dienst versagt, kann die Cockpitbesatzung auf ein anderes ausweichen, denn alle sicherheitskritischen Systeme sind doppelt, vereinzelt sogar dreifach vorhanden. Wird eines davon funktionsuntüchtig, kann der Arbeitsschritt durch ein gleichwertiges übernommen werden. Um einen Flugabschnitt sicher zu Ende zu führen, werden solche Eventualitäten regelmäßig im Flugsimulator trainiert.

Was macht der Autopilot?

Viele Fluggäste sind der Meinung, dass die Cockpitcrew heutzutage lediglich den Autopiloten einschaltet, um sich dann nichts tuend den Rest des Fluges zurücklehnen zu können. Ganz so einfach ist es natürlich nicht, auch wenn dieses technische Gerät ein entspannteres Fliegen ermöglicht.

In erster Linie ist der Autopilot eine automatische Steueranlage, die bei Routineabläufen für Entlastung sorgt. So dient er unter anderem dazu, im Reiseflug die exakte Höhe zu erreichen und zu halten. Außerdem übernimmt er navigatorische Aufgaben: Er folgt vorab eingegebenen Flugrouten, die ständig überwacht und im Bedarfsfall neu programmiert werden müssen. Die eingegebenen Wegpunkte können sich ändern, wenn Fluglotsen beispielsweise Abkürzungen ermöglichen oder Richtungsänderungen anordnen.

Im Cockpit ist man jederzeit bereit, die Kontrolle zu übernehmen und den Autopiloten gegebenenfalls zu deaktivieren. Schließlich kann dieses technische System weder Anweisungen von Fluglotsen befolgen noch die Wetterbedingungen beurteilen oder nötige Entscheidungen treffen. Besonders hilfreich ist der Autopilot hingegen in Flugphasen, in denen beiden Piloten vollste Konzentration abverlangt wird, so zum Beispiel im Landeanflug oder bei schlechten Witterungsbedingungen.

Was ist ein Jumpseat?

In einem Passagierjet gibt es mehrere Klappsitze für die Kabinenbesatzung, die meist an den Ein- und Ausgängen angebracht sind. Die in der Fachsprache als »Jumpseat« bezeichneten Sitze sind aufgrund ihrer Bauweise leicht zu erkennen und von den Passagiersitzen zu unterscheiden.

Da sie nicht zum dauerhaften Sitzen gedacht sind, ist der Komfort nicht besonders hoch. Üblicherweise werden die Plätze während Start und Landung sowie stärkerer Turbulenzen eingenommen, um die Sicherheit des Personals zu gewährleisten.

Je nach Maschinentyp befinden sich auch im Cockpit ein oder mehrere »Jumpseats«. Von diesem Sitz aus hat man einen optimalen Blick auf alle Instrumente und kann beiden Piloten problemlos bei ihrer Arbeit über die Schulter sehen. Dieser Beobachtungsplatz im Cockpit wird im Bedarfsfall von einem zusätzlichen Teammitglied der Fluglinie eingenommen. Für crewfremde Personen ist das Platznehmen hier nur möglich, wenn beide Flugzeugführer einverstanden sind und der Zugang nicht anderweitig untersagt wird.

Dieser Sitzplatz zählt seit jeher zu den begehrtesten im Flugzeug und lässt so manchen Luftfahrtfan ins Schwärmen geraten. Da der »Jumpseat« im Cockpit weder reserviert noch gebucht werden kann, bleibt er den meisten Menschen leider verwehrt.

Wetter & Turbulenzen

Die Windrichtung bei Start und Landung

Sofern die geografische Umgebung des Flughafens es baulich zulässt, werden Start- und Landebahnen entlang der Hauptwindrichtungen angelegt. Eine Piste (engl. *runway*) kann im laufenden Flugbetrieb in beide Richtungen genutzt werden. Je nach Himmelsrichtung erhält sie eine numerische Bezeichnung. Die Pistenkennung »09« bezeichnet eine nach Osten verlaufende Bahn, da Osten auf der 360-Grad-Kompassrose im 090-Grad-Winkel zu Norden steht. Die hintere Null wird bei der Kennzeichnung einfach weggelassen. Beide Ziffern sind am Pistenbeginn gut leserlich auf dem Asphalt aufgetragen.

Welche Richtung für Start und Landung letztlich genutzt wird, hängt von der aktuellen Windrichtung ab. Diese kann sich im Tagesverlauf mehrfach verändern. Aus Sicherheitsgründen darf keine Landebahn verwendet werden, die noch von einem anderen Luftfahrzeug besetzt ist. Zudem müssen sowohl ankommende als auch abfliegende Flugzeuge dieselbe Pistenrichtung nutzen.

Sofern möglich, wird immer gegen den Wind gestartet und gelandet. Das hat in erster Linie mit der Aerodynamik des Flugzeuges zu tun. Der Gegenwind sorgt für schnelleren Auftrieb auf den Tragflächen, wodurch das Flugzeug eine kürzere Distanz benötigt, um mit seinen Rädern von der Bahn abheben zu können. Auch bei der Landung ist von vorne kommender Wind vorteilhaft, da er die Aufsetzgeschwindigkeit vermindert und den Bremsweg der Maschine verkürzt.

Die Länge und Breite der Bahnen richtet sich nach dem Verwendungszweck des Flughafens. Die schweren und großen Langstreckenflugzeuge benötigen aufgrund ihrer Startmasse eine längere

Piste verglichen mit den kleineren und leichteren Maschinen aus dem Kurz- und Mittelstreckenbereich. Vor jedem Flug wird exakt berechnet, mit welcher Eigengeschwindigkeit das Luftfahrzeug abheben oder aufsetzen muss.

Übersteigt die Windstärke beim Startvorgang die zulässigen Belastungsgrenzen des Flugzeuges, ist geduldiges Warten auf bessere Windverhältnisse oftmals die einzige Möglichkeit. Eine Landung kann dann durch Warteschleifen (engl. *holdings*) in der Luft hinausgezögert werden. Sollte die erhoffte Wetterbesserung dennoch ausbleiben, muss das Flugzeug den nächstgelegenen Ausweichflughafen ansteuern.

Was ist eigentlich ein Luftloch?

Der Begriff »Luftloch« existiert nur umgangssprachlich und ist ein wenig irreführend. So wie Meere, Seen und Flüsse keine »Wasserlöcher« mittendrin haben, so hat auch die Luft keine löchrigen Stellen. Selbst wenn wir Luft nicht sehen können, umgibt sie uns zuverlässig und unentwegt in allen Höhenschichten.

Das abrupte Absinken des Flugzeuges während eines turbulenten Fluges kann sich trotzdem so anfühlen, als würde die Maschine in eine Art Loch stürzen. Für diese plötzlich auftretenden Höhenänderungen gibt es mehrere Ursachen.

Luftströmungen können sich als Auf- oder Abwinde bemerkbar machen. Diese vertikalen Bewegungen führen zum kurzfristigen Sinken oder Steigen des Flugzeuges. Holprig kann es auch bei horizontalen Strömungen wie dem Seiten-, Gegen- oder Rückenwind werden. Manche dieser Auswirkungen lassen sich gezielt durch die Flugzeugruder ausgleichen oder abschwächen.

Jedes Flugzeug hat eine vom Hersteller definierte Höchstgeschwindigkeit für den Durchflug von Turbulenzen. Sobald diese stärker werden, wird die Reisefluggeschwindigkeit angepasst. Der Unterschied ist jedoch so gering, dass Sie ihn nicht wahrnehmen können. Einzig die Triebwerke werden für einen Moment etwas leiser.

Im Allgemeinen gehören Wetteränderungen und verschiedene Luftströme entlang der Flugroute zum Tagesgeschehen. Es sind normale, wenn auch etwas unangenehme Vorgänge, da unsere Luft unentwegt in Bewegung ist. Für das Flugzeug und Sie als Reisegast besteht jedoch keine Gefahr.

Schutz vor Blitzen

Ein Verkehrsflugzeug wird im Laufe seines Lebens mehrmals vom Blitz getroffen. Gerechnet auf die unzähligen Flüge pro Jahr ist das dennoch ein Ereignis mit Seltenheitswert. Dementsprechend gering ist die Chance für Sie, dieses Geschehen in der Luft mitzuerleben. Doch wie entstehen Blitze überhaupt?

In den Gewitterwolken befinden sich Wassertropfen und Eiskristalle, die durch Winde aneinander gerieben werden, wodurch eine große elektrische Ladung entsteht. Die leichteren Eiskristalle im oberen Teil der Wolke werden positiv, die schwereren Wassertropfen negativ aufgeladen. Ist der Spannungsunterschied zwischen den beiden Polen groß genug, entlädt sich die Energie in einem Blitzlicht. Leitende Teilchen wie Staubpartikel und Verunreinigungen in der Luft begünstigen die elektrische Entladung. Die durch den Blitz stark erhitzte Luft dehnt sich explosionsartig aus und durchbricht dabei die Schallgrenze, was den akustisch wahrnehmbaren Donner verursacht.

Blitz und Donner entstehen dabei immer zur selben Zeit. Da das Licht aber viel schneller ist als der Schall, nehmen wir den Blitz zuerst wahr. Anhand dieses Effektes lässt sich eine ungefähre Entfernung zum Gewitter abschätzen. Für jede Sekunde, die zwischen den beiden Phänomenen vergeht, ergibt sich eine Distanz von circa 330 Metern. Ist der Donner also zehn Sekunden nach dem Blitz zu hören, befindet man sich über drei Kilometer vom Gewitter entfernt.

Ebenso wie Autos sind Luftfahrzeuge durch ihre Metallstruktur ausgezeichnete Blitzableiter. Der Rumpf ist eine rundum geschlossene Hülle, die einen sogenannten »Faradayschen Käfig« bildet und die elektrische Ladung abschirmt. Trifft der Blitz die Außenhülle, wird er um das Flugzeug herumgeleitet und tritt an einer anderen Oberflächenstelle wieder aus. Lediglich hervorstehende Teile, wie Antennen oder am Rumpf befestigte Lampen, können in Mitleidenschaft gezogen werden. Auf die Flugfähigkeit oder gar den Schutz der Reisenden hat dies keine Auswirkungen.

Nach einem Blitzeinschlag wird das Flugzeug am Boden einer Kontrolle unterzogen, bevor es uneingeschränkt weiterfliegen darf. Piloten und technische Fachleute begutachten die exakte Eintrittsstelle des Blitzes und testen vorsorglich den Zustand sämtlicher Bauteile. Bereits kurze Zeit später kann das Flugzeug seine Reise ungehindert fortsetzen.

Gewitter in der Luftfahrt

Schätzungen zufolge entstehen im Jahresdurchschnitt eintausend Gewitter täglich, verteilt auf den gesamten Planeten. Lediglich ein Prozent aller Gewittertätigkeiten wird als schwerwiegend eingestuft. Grundsätzlich können sie zwar überall in Erscheinung treten, Gewitter bevorzugen jedoch warme Regionen sowie Gebirgs- und Küstennähe.

In der Luftfahrt ist man an Gewittertätigkeiten längst gewöhnt. Die Fluggesellschaften haben sich auf die unterschiedlichen Auswirkungen gut eingestellt und auch die Wetterdienste leisten hervorragende Arbeit, um das fliegende Personal bei einem sicheren Flug zu unterstützen. Zwar wird der Flug durch Schlechtwetterzonen vermieden, ein gänzliches Umfliegen dieser Routen ist jedoch nicht immer möglich. Wie nahe an das Gewitter herangeflogen werden kann, entscheiden die Piloten anhand der Bilder vom bordeigenen Wetterradar. Mithilfe der farblichen Darstellung von Wassertropfen in der vorausliegenden Flugbahn kann beurteilt werden, wie wahrscheinlich die Neubildung einer Gewitterzelle ist.

Das Gebiet, in dem sich das Gewitter befindet, ist auf dem Radar in Rot dargestellt. Die Randbereiche sind je nach Größe und Intensität des Gewitters gelb oder grün. Bei großen Gewittern sind die grünen und gelben Bereiche am Bildschirm eher schmal, der rote Bereich zeigt sich dominant. Diesem Bild entsprechend eignet sich keiner der Farbbereiche zum Durchflug.

Bei kleineren oder schwächeren Gewittern hingegen sind die grünen und gelben Zonen deutlich größer zu sehen. Das Fliegen durch den grünen Bereich kann in so einem Fall gefahrlos in Erwägung gezogen werden.

Stehen zwei oder mehr Gewitter eng beisammen, entstehen beim Vorbeiflug starke Turbulenzen. Diese Stoßbewegungen können sehr unangenehm sein und Ängste bei den Fluggästen hervorrufen. Zwar lassen sich Turbulenzen oft nicht vermeiden, doch vielleicht beruhigt Sie beim nächsten Mal der Gedanke, dass diese wieder vorbeigehen und die Piloten niemals in den gefährlichen Teil einer Gewitterzelle einfliegen würden.

Freistehenden Gewitterwolken, die oft von Schönwetterzonen umgeben sind, kann man dagegen deutlich leichter ausweichen. Sie haben eine langsame Eigengeschwindigkeit und brauchen daher entsprechend viel Zeit, um ihren Standort zu verlagern. Flugzeuge können dem schlechten Wetter so buchstäblich davonfliegen.

Da bereits von kleineren Gewittern mögliche Gefahren ausgehen, beispielsweise durch Starkregen und damit Aquaplaning auf Start- und Landebahn, durch verminderte Sicht, Schneeschauer, Hagel, Vereisung und Windsprünge (Böen), muss jede dazugehörige Wolkenformation vor dem Start eingeschätzt werden. Dabei hilft eine Faustformel: Je höher die Blitze aus einer Wolke kommen, desto stärker ist die Gewittertätigkeit und desto größer die Wahrscheinlichkeit für ein Unwetter. Eine sichere Flugdurchführung hat immer oberste Priorität, daher sind schlechte Wetterverhältnisse ein häufiger Grund für Flugverspätungen.

Turbulenzen, bitte anschnallen!

Sich rasch verändernde Luftbewegungen gelten als der Hauptgrund für besorgte und ängstliche Reaktionen unter Flugreisenden. Wenn Sie bereits eine unliebsame Bekanntschaft mit den abrupten vertikalen und horizontalen Änderungen der Fluglage gemacht haben, wissen Sie, was für ein mulmiges Gefühl diese Bewegungen auslösen können. Doch wie gefährlich sind Turbulenzen wirklich?

Es ist gar nicht so einfach zu beschreiben, wie sich eine Turbulenz anfühlt. Jeder empfindet die Stärke höchst unterschiedlich. Selbst Crewmitglieder fällen je nach Erfahrung abweichende Beurteilungen. Dennoch lassen sich Turbulenzen gemäß ihrer Intensität und Ausprägung in leicht, mäßig und schwer einstufen.

Bei leichten Turbulenzen beginnt das Flugzeug zu wackeln. Nicht befestigte Objekte bleiben jedoch an Ort und Stelle. Bereits bei mäßigen Turbulenzen können ungesicherte Gegenstände wegrutschen oder herunterfallen. Zum Schutz der Kabinenbesatzung wird spätestens ab dieser Intensität der Bordservice eingestellt.

Bei starken Turbulenzen können lose Gegenstände durchaus innerhalb der Kabine umherfliegen. Zudem wird das menschliche Gleichgewichtsorgan auf eine Geduldsprobe gestellt – nicht selten kommt es zu Übelkeit infolge der schaukelnden Auf- und Abwärtsbewegungen. Extrem starke Richtungs- und Höhenänderungen kommen insbesondere beim Fliegen durch eine Schlechtwetterzone vor.
Allerdings treten solche extremen Turbulenzen nur sehr selten auf, sodass dieses unangenehme Ereignis der überwiegenden Mehrheit aller Flugreisenden erspart bleibt. Fluggesellschaften unternehmen viel, um solche negativen Erlebnisse von ihrer Kundschaft fernzuhalten. Bereits in der Planungsphase werden Flugrouten geändert oder Abflüge zeitlich hinausgezögert. In einigen wenigen Fällen kann ein Flug gänzlich gestrichen werden, denn niemand möchte das Wohl der Fluggäste riskieren.

Auch während des Fluges können Maßnahmen ergriffen werden: Gebiete starker Turbulenz werden großflächig umflogen, gewisse Flughöhen gemieden und durch einen Steig- oder Sinkflug ruhigere Luftschichten angesteuert.

Einer der häufigsten Gründe für Turbulenzen ist die ungleichmäßige Erwärmung der Erdoberfläche, auch Thermik genannt. Das Flugzeug durchfliegt dabei abwechselnd Auf- und Abwindzonen. Bei sommerlichen Temperaturen mit entsprechend hoher Sonneneinstrahlung können diese mit stärkeren Stoßbewegungen auf sich aufmerksam machen. Diese Turbulenzen sind zwar ungefährlich, dennoch erinnern sie an eine unangenehme Achterbahnfahrt. Etwas tückisch sind die sogenannten Klarluftturbulenzen (engl. *clear air turbulences*), die in Verbindung mit Höhenwinden auftreten. Diese sind weder mit dem bloßen Auge noch mithilfe des Wetterradars erkennbar. Klarluftturbulenzen treten innerhalb eines weitläufigen Gebietes in unregelmäßigen räumlichen und zeitlichen Abständen auf. Da sie nicht vorhersehbar sind, ist ein Ausweichmanöver nicht möglich. Diese Turbulenzen sind auch der Grund, weshalb viele Fluglinien empfehlen, während des gesamten Fluges angeschnallt sitzen zu bleiben, auch wenn das Anschnallzeichen erloschen ist.

Obwohl Turbulenzen beängstigend wirken, so müssen Sie sich dennoch keine Sorgen machen. Flugzeuge halten enormen Kräften stand und werden vor der erstmaligen Inbetriebnahme ausgiebig daraufhin getestet. Beispielsweise haben beim US-amerikanischen Hersteller Boeing die Tragflächen des Flugzeugmusters »B787«, auch bekannt als »Dreamliner«, gleich 150 Prozent der maximal zu erwartenden Höchstlast ohne Beschädigung überstanden. Die Flügelspitzen wurden mit einer Stärke nach oben gebogen, die in der Realität nicht annähernd vorkommen würde. Weder Flugzeugbesatzung noch Passagiere müssen sich auf ein derart extremes Kräftemessen mit der Natur einstellen.

Fliegen in großen Höhen

Ein Verkehrsflugzeug ist dafür gebaut in großen Höhen zu fliegen. Je höher es unterwegs ist, desto effizienter, kostengünstiger und sicherer ist der Flug. Distanzen können rascher überwunden sowie Schlechtwetterzonen vielfach überflogen werden. Die ideale Reisehöhe wird vor jedem Flug mithilfe modernster Computersysteme berechnet, sodass sich zusammen mit den tagesaktuellen Wetterereignissen präzise die bestmögliche Flughöhe ermitteln lässt.

Der Verlauf von starken Höhenwinden, sogenannten *Jetstreams*, ist auf Wetterkarten eingezeichnet und gut vorhersehbar. Ein vorhandener Rückenwind wird gerne genutzt, um Sie schneller ans Ziel zu bringen. Die Flugzeit kann je nach Stärke und Dauer so auf natürliche Art und Weise teils erheblich verkürzt werden. Zudem lassen sich große Mengen Treibstoff einsparen. Der Ein- und Ausflug in diese Höhenwinde ist jedoch mit Turbulenzen verbunden. Bei vielen Fluggesellschaften ist es daher üblich, dass die Crew über eine Lautsprecheransage kurz darüber informiert.

Die Entstehung von Kondensstreifen

Die Kondensstreifen entstehen bei Temperaturen unter -40 °C, weshalb daran besonders hoch fliegende Flugzeuge zu erkennen sind. Die heiße ausströmende Triebwerksluft, die Wasserdampf und winzige Rußpartikel enthält, vermischt sich mit der kühleren Umgebungsluft. Die kalte Höhenluft kann den ausgestoßenen Wasserdampf der Triebwerke jedoch nicht so gut aufnehmen wie wärmere Luftschichten, sodass die Wassertropfen in Sekundenschnelle zu Eiskristallen gefrieren. Diese können Sie sowohl am Boden als auch in der Luft als Kondensstreifen am Himmel wahrnehmen.

Die Haltbarkeit dieser tiefgefrorenen Bewölkung hängt neben der Windstärke in erster Linie von der Luftfeuchtigkeit ab. Ist die Luft trocken, verdampfen die Wassertropfen rasch, da weitere Feuchtigkeit aufgenommen werden kann, bis die Luft gesättigt ist. In diesem Fall sind die Eiskristalle entweder nur kurz oder gar nicht sichtbar. Bei feuchten Luftmassen hingegen sind die langgezogenen künstlichen Wolken länger am Himmel zu beobachten. Die Luft verhält sich wie ein vollgesaugter Badeschwamm. Wasser, das nicht mehr aufgenommen werden kann, verbleibt außerhalb des Schwammes. Dadurch sind die Eiskristalle oft für einen längeren Zeitraum zu sehen.

Um selbst eine verkleinerte Form der Kondensstreifen zu erzeugen, atmen Sie einfach an einem kalten Wintertag aus. Durch den warmen Hauch in der kühleren Umgebungsluft bildet sich ein kleines Wölkchen, das auf dieselbe Art entsteht wie der Kondensstreifen eines Flugzeuges.

Flugbegleiter & Piloten

Ausbildung zum Flugbegleiter

Kaum zu glauben, dass, obwohl dieser Beruf in seinen Anfängen eine rein männliche Domäne war, die Mehrheit der Kabinenbesatzung heutzutage weiblich ist. Im Jahre 1912 startete ein Deutscher namens Heinrich Kubis seinen Dienst als erster Flugbegleiter weltweit. Erst 1930, und damit achtzehn Jahre später, konnte sich die US-Amerikanerin Ellen Church als erste Frau in die Geschichtsbücher der Luftfahrt einschreiben. Mit dem unbändigen Wunsch zu fliegen gelang es der damals 25-jährigen Krankenschwester eine Anstellung zu bekommen. Ihre Aufgabe war es, ängstlichen Passagieren während des Fluges zur Seite zu stehen. Bereits kurze Zeit später wurden überall auf der Welt Flugbegleiterinnen zur Betreuung der Gäste an Bord eingesetzt.

Welche Voraussetzungen und Qualifikationen die Kabinenbesatzung mitbringen sollte, kann jede Fluggesellschaft grundsätzlich selbst entscheiden. Die Eckdaten des Anforderungsprofils umfassen ein Mindestalter, eine Mindestgröße, einen Schulabschluss, das Vorliegen eventuell notwendiger Arbeitsbewilligungen, diverse Fremdsprachenkenntnisse und einen uneingeschränkt gültigen Reisepass. Zeugnisse und Zertifikate sowie ein Führerschein werden meist ebenfalls verlangt.

Professionelles Auftreten, gute Umgangsformen und ein ausgeprägter Servicegedanke werden ebenso erwartet wie ein gepflegtes Äußeres und eine freundliche Art, immerhin gelten Flugbegleiter durch ihr Erscheinungsbild als Aushängeschild einer Fluggesellschaft. Das Tragen der Uniform macht die Mitarbeitenden zum Werbeträger. Wer in diesem Beruf arbeiten möchte, sollte zudem anderen Kulturen offen gegenüberstehen und die Fähigkeit haben, Konflikte und Probleme lösungsorientiert zu bewältigen.

Zumeist besteht der erste Bewerbungsschritt im vollständigen Ausfüllen eines (Online-)Bewerbungsformulars. Gemeinsam mit Lebenslauf und ansprechendem Bewerbungsfoto wird eine anfängliche Auswahl aller Interessenten getroffen. Oftmals nutzen Unternehmen das Telefoninterview, um sich einen ersten persönlichen Eindruck zu verschaffen. Wer darin überzeugt, wird anschließend zum mehrstufig aufgebauten Auswahlverfahren eingeladen. Hier gilt es eine Reihe von Testungen zu bestehen. Die Schwerpunkte liegen dabei auf den Fähigkeiten der Kommunikation, der Teamfähigkeit, der Freundlichkeit sowie der englischen Sprache.

Wie umfassend sich jemand mit dem potenziellen Arbeitgeber befasst hat, wird mit systematischen Fragen abgeklärt und beurteilt. Die Fluggesellschaften suchen gezielt nach Personen, die sich mit dem späteren Berufsalltag auseinandergesetzt haben und eine entsprechende Arbeitsmotivation mitbringen. Mit ein bisschen Engagement können Sie sich einigermaßen auf diese Tests vorbereiten und zumindest Teile davon vorab trainieren.

Haben Sie das Auswahlverfahren bestanden, erfolgt die Zuteilung zum nächstmöglichen Ausbildungstermin. Der durchschnittlich sechs- bis achtwöchige Kurs ist zwar zeitlich betrachtet eher kurz, inhaltlich dafür anspruchsvoll und lernintensiv. Zu Beginn steht das Erlernen allgemeiner Luftfahrtkenntnisse und flugbetrieblicher Verfahren an. Die Kursinhalte erstrecken sich von den Rechten und Pflichten an Bord über eine Einführung in die Flugwetterkunde, das menschliche Leistungsvermögen, einen Erste-Hilfe-Kurs und lebensrettende Sofortmaßnahmen bis hin zu Kenntnissen über den Transport von Gefahrengut. Zudem werden flugrelevante Kommandos, ein guter Umgang im Team und das Verhalten gegenüber den Fluggästen erlernt. Der schmale Grat zwischen geduldiger Höflichkeit und einem bestimmenden Durchsetzungsvermögen wird in der Schulung vermittelt und geübt.

Bei aufkommenden Problemen oder Streitigkeiten unter Fluggästen ist es essenziell, jederzeit die Oberhand zu behalten. Ein spezielles Augenmerk liegt deshalb auf dem Bereich der effektiven Konfliktlösung, insbesondere auf der raschen Vermittlung zwischen unterschiedlichen Kulturen.

An Bord versorgt die Kabinenbesatzung ihre Gäste mit Snacks, warmen Mahlzeiten oder Getränken, je nach Servicekonzept der Fluggesellschaft. Diese Annehmlichkeiten zählen für Flugreisende zu den sichtbarsten Arbeitsschritten. Doch das Hauptaugenmerk der Ausbildung gilt den sicherheitsrelevanten Themenbereichen.

Die Flugzeugcrew ist angehalten in sämtlichen Situationen Ruhe zu bewahren und bei Fragen aller Art zur Verfügung zu stehen. Sie achtet auf ein geordnetes Ein- und Aussteigen der Fluggäste, auf das sichere Verstauen der Handgepäckstücke und darauf, dass alle auf dem richtigen Platz sitzen. Bei Lautsprecherdurchsagen wendet sie sich mit mehrsprachigen Informationen zum Flugablauf an die Reisenden. Zudem erklärt sie zu Beginn jedes Fluges die Lage und Funktion der Notausrüstung.

Ist das Arbeiten in verschiedenen Flugzeugtypen geplant, müssen nötige Kenntnisse für jeden einzelnen Maschinentyp trainiert werden. Bestandteil dieser Schulungen sind unter anderem das Verhalten in Notsituationen, Evakuierungsmöglichkeiten, Schwimmtraining und das Löschen von Bränden. Diese Übungen werden so lange gewissenhaft wiederholt, bis alle sie einwandfrei ausführen können. Sowohl während des Kurses als auch gegen Ende der Ausbildung werden die Lerninhalte in schriftlicher und mündlicher Form überprüft.

Da dieser Beruf eine gute körperliche Verfassung erfordert, gehört auch eine flugmedizinische Tauglichkeitsprüfung zu den Voraussetzungen. Gibt es grünes Licht, öffnet sich die Karrieretüre und der Arbeitseinsatz über den Wolken kann beginnen.

Berufsalltag als Flugbegleiter

Über den Wolken zu arbeiten ist mit Sicherheit kein alltäglicher Beruf. Wer sich dafür entscheidet, sollte die unterschiedlichsten Fähigkeiten mitbringen oder zumindest den Willen haben, sich alle nötigen Eigenschaften anzueignen. Hinter dem beruflichen Wunsch zu fliegen verbergen sich oftmals Kindheitsträume und Sehnsüchte. Zudem sind das Gefühl der Freiheit, die Selbstverwirklichung in einem gesellschaftlich angesehenen Beruf und die Möglichkeit zu reisen Antriebe für die Ausübung dieser Tätigkeit. Doch wenn Sie mit dieser Beschäftigung liebäugeln, sollten Sie im Vorhinein das Für und Wider sorgfältig abwägen. Schließlich ist die Arbeit im Schichtdienst und der unstete Arbeitsalltag nicht für alle das Richtige.

Als Anreize werden eine hohe Eigenverantwortung, das globale Umfeld sowie die angebotenen Vergünstigungen gesehen. Unterschiedliche Flugrouten auf Kurz-, Mittel-, oder Langstrecke bringen viel Abwechslung. Das fliegende Personal profitiert von der Tatsache, dass die Arbeit nicht mit nach Hause genommen wird. Nacherledigungen, wie es sie in anderen Berufssparten gibt, sind als Kabinenbesatzung nicht zu erwarten.

In der öffentlichen Wahrnehmung verleitet der Beruf häufig zu der falschen Annahme man sei in einer Art Dauerurlaub, stets auf dem Weg in die schönsten Regionen. Doch die Möglichkeiten touristischen Aktivitäten in der Ferne nachzugehen sind vergleichsweise gering. Dazu kommt, dass nicht jede Fluggesellschaft Auslandsübernachtungen und Tagesaufenthalte in fremden Städten anbietet. Dies hängt vom Streckennetz und dem Dienstplan ab. Selbst wenn im Ausland einmal Freizeit gegeben ist, so muss es sich dabei noch lange nicht um ein verlockendes Traumziel handeln. Immerhin werden auch Regionen angesteuert, die Sie sich für den eigenen Urlaub eher nicht ausgesucht hätten. Und falls doch, ist die zur Verfügung stehende Zeit vor Ort meist viel zu kurz.

Abgesehen davon bringt der Beruf einige Anstrengungen mit sich, die auf den ersten Blick nicht zu erkennen sind. Die mehreren hundert Flugstunden pro Jahr können durch die unregelmäßigen Arbeitszeiten zu hohen gesundheitlichen Belastungen führen. Im Besonderen auf Langstreckenflügen hinterlässt der permanente Wechsel der Zeitzonen seine Spuren. Der Schlafrhythmus kann empfindlich gestört werden.

Die wiederholte Abwesenheit bei Familienfesten und gemeinsamen Aktivitäten des Freundeskreises können diese Beziehungen auf Dauer belasten. Das gilt selbstverständlich für alle Arten von Partnerschaften. Dem zumeist monatlich erscheinenden Dienstplan müssen private Pläne untergeordnet werden. Tragen Sie darüber hinaus die Verantwortung für Kinder, sind Sie während ihrer Abwesenheit auf fremde Unterstützung angewiesen. Besonders positiv hervorzuheben sind allerdings die rechtlichen Rahmenbedingungen des Mitarbeiterschutzes, zu denen auch festgelegte Dienst- und Ruhezeiten gehören, und auf deren Einhaltung genau geachtet wird.

Wie groß das Team in der Flugzeugkabine ist, hängt von der Sitzplatzkapazität des Flugzeuges ab. Das Luftfahrtgesetz sieht für alle fünfzig Sitze eine Flugbegleitung vor. In einem Mittelstreckenjet mit hundertachtzig Passagieren an Bord arbeiten demnach vier Besatzungsmitglieder in der Kabine. Einer Fluggesellschaft steht es natürlich frei zusätzliche Personen, zum Beispiel zu Trainingszwecken, einzusetzen.

Je nach Größe der Fluglinie kommt es vor, dass Sie jede Schicht in einem anderen Team verbringen. Durch diesen regelmäßigen Austausch des Kollegiums bleibt kein Spielraum für individuelle Arbeitsweisen. Die Handgriffe werden so trainiert, dass sie automatisiert ablaufen, unabhängig davon, ob mit den Teammitgliedern schon gearbeitet wurde oder dies der erste gemeinsame Flug ist.

Wenn Sie in einem internationalen Umfeld arbeiten möchten, Freude am Umgang mit Menschen haben und Ihnen stetige Hotelaufenthalte sowie ein Leben aus dem Koffer nichts ausmachen, dann stehen Ihnen unvergessliche Eindrücke und abwechslungsreiche Arbeitszeiten über den Wolken bevor.

Voraussetzungen für eine Karriere als Pilot

Das Bild der wagemutigen, einfallsreichen und tollkühnen Piloten hat viele Jahrzehnte überdauert. Wenig verwunderlich, wenn man bedenkt, dass es in den Anfängen der Luftfahrt nur ein Minimum an technischer Unterstützung gab. Flugmaschinen waren schwer zu steuern, lange gab es nicht so viele automatische Systeme, wie sie in den heutigen Cockpits zu finden sind. Anfangs riskierte der Mensch viel, um seinen Traum vom Fliegen wahrwerden zu lassen. Die Hochachtung und Wertschätzung gegenüber dem Berufsstand der Piloten war dementsprechend groß. Und auch wenn einige Attribute oder Klischees die Zeit überdauert haben, ist das heutige Bild eines Piloten freilich ein anderes – nicht zuletzt, weil auch immer mehr Frauen eine Karriere als Pilotin anstreben. Es ist ein normaler Beruf, der sich wie jeder andere erlernen lässt.

Für all jene, die hoch hinaus möchten, kann dieser Beruf bereits im Alter von achtzehn Jahren Realität werden. Das ist der früheste Zeitpunkt, zu dem eine Berufspilotenlizenz ausgestellt wird. Wenn Sie sich für diese Ausbildung interessieren, brauchen Sie fundierte Kenntnisse in den Fachrichtungen Mathematik und Physik, ein versiertes technisches Verständnis sowie ein breites Allgemeinwissen. Das räumliche Vorstellungsvermögen sollte besonders gut ausgeprägt sein, da die Navigation in der Luft im dreidimensionalen Raum stattfindet. Auch umfassende Englischkenntnisse sind für eine fliegerische Karriere außerordentlich wichtig, da dies die grenzübergreifende Sprache der Luftfahrt ist. Ein bestimmter Schulabschluss ist gesetzlich nicht zwingend erforderlich und dennoch kann dieser von einer Fluggesellschaft gefordert werden. Außerdem setzt der Flugdienst eine gute körperliche und psychische Verfassung voraus. Die notwendige medizinische Tauglichkeit wird bei einer flugmedizinischen Untersuchung überprüft.

Während einige Fluggesellschaften ihren Nachwuchs selbst trainieren, lagern andere diesen Bereich in diverse Ausbildungsbetriebe aus. Wer das finanzielle Risiko nicht scheut, kann die Ausbildung auf privatem Wege in einer Flugschule durchlaufen.

Qualitativ hochwertige Ausbildungsbetriebe bieten persönliche und eingehende Informations- und Beratungsmöglichkeiten für Interessierte. In diesen Gesprächen werden Chancen und Risiken entlang des Karriereweges sowie Fragen zu Finanzierungsmodellen und Ihren Berufsaussichten nach dem erfolgreichen Abschluss thematisiert. Teils notwendige Eignungstests sollen Ihnen mögliche Lernschwierigkeiten bereits im Vorfeld aufzeigen. Um andererseits direkt in die Ausbildungsschiene einer Fluggesellschaft zu gelangen, gilt es zu Beginn ein aufwendiges Aufnahmeverfahren zu absolvieren. Dieses ist nicht selten in Etappen eingeteilt und dauert dementsprechend ein paar Tage. Die Testungen gelten allgemein als schwer zu bestehen, unter anderem auch deswegen, da manche Anwendungen unter Zeitdruck erfolgen. Dazu zählen Reaktionstests und die Überprüfung der Merkfähigkeit des Kurz- und Langzeitgedächtnisses.

Es lässt sich leicht erahnen, dass nicht jede Persönlichkeit zu jedem Unternehmen passt. Daher liegt den Betrieben viel daran, Sie und Ihren Charakter kennenzulernen. In Form von Gesprächen sowie Gruppen- und Einzelinterviews werden Sie und Ihre Konkurrenz genauestens unter die Lupe genommen. Die meisten Fluggesellschaften fordern zudem ein (luftfahrt-)psychologisches Gutachten an. Wurden sämtliche Prüfungsteile bestanden, beginnt für Sie die umfangreiche Berufsausbildung.

Ausbildung zum Berufspiloten

Zum Erwerb einer Fluglizenz gehören sowohl praktische als auch theoretische Kenntnisse. Wie in nahezu jedem Ausbildungsberuf üblich, erlernen die angehenden Pilotinnen und Piloten im Klassenverband umfangreiches Wissen zu Wetterkunde, Luftfahrtrecht, Navigation, Technik, Aerodynamik und weiteren Schwerpunkten der Luftfahrt. Zusätzlich sind große Stoffmengen im Selbststudium zu bewältigen, die gegen Ende der Theorieeinheit in einer Prüfung bei der jeweiligen Luftfahrtbehörde abgefragt werden.

Im Verlauf Ihrer Ausbildung lernen Sie auf verschiedenen Flugzeugtypen Ihr Handwerk. Vor jedem Flug muss eigenständig der einwandfreie Zustand des Flugzeuges sowie die störungsfreie Funktion der Mess- und Fluginstrumente überprüft und ein Blick auf das Fahrwerk und die Bremsen geworfen werden. Die ersten Flugstunden werden auf einmotorigen Schulungsflugzeugen durchgeführt. Beim sogenannten Sichtflug benötigen Sie eine freie Sicht nach außen, dürfen also nicht in Wolken einfliegen.

Während der ersten Unterrichtseinheiten liegt das Augenmerk auf der korrekten Handhabung der Steuerelemente und sicheren Start- und Landeübungen, die selbstverständlich auch bei schwierigen Windverhältnissen funktionieren müssen. Erst zu einem späteren Zeitpunkt kommt der Umgang mit automatischen Systemen wie etwa dem Autopiloten hinzu.

Nachdem Sie den Umgang mit ein- und mehrmotorigen Luftfahrzeugen im Instrumentenflug erlernt haben, liegt der Fokus gegen Ende der Grundausbildung verstärkt im Bereich »Führungsverhalten«. Passagierflüge werden stets mit zwei Piloten durchgeführt, nicht selten sind bei Langstreckenflügen weitere flugberechtigte Personen anwesend. Um Sie an das Arbeiten im Zwei-Personen-Cockpit zu gewöhnen, gibt es die sogenannte »MCC-Ausbildung« (engl. *multi crew cooperation*). Hierbei geht es um das professionelle Arbeiten im Team, in dem alle ihre Aufgaben kennen und diesen zuverlässig und mit gewissenhafter Genauigkeit nachgehen.

Besonders in Gefahrensituationen und bei unvorhergesehenen Störungen müssen Entscheidungen oftmals in Sekundenbruchteilen gefällt werden. Heikle Flugmanöver werden deshalb gezielt am Simulator trainiert, um mit allen möglichen Situationen versiert umgehen zu können. Dies fordert nicht nur technisches Können, sondern auch eine hohe emotionale Belastbarkeit.
Wie lange die Ausbildung dauert, hängt von mehreren Faktoren ab. Im Detail können sich die Lehrgänge in Ablauf, Dauer, Ort und sogar der abschließenden Fluglizenz unterscheiden. Häufig besteht die Wahlmöglichkeit, das Flugtraining in Vollzeit oder berufsbegleitend zu absolvieren. Wie in jeder anderen Ausbildung hängt auch hierbei vieles vom persönlichen Lerneifer und den angebotenen Kurselementen ab.

Obwohl es weltweite Unterschiede bei den Ausbildungsstandards gibt, sind sich die Trainingsinhalte der zivilen Luftfahrt doch sehr ähnlich. So steht Ihnen nach dem Abschluss der Weg ins Cockpit für Kurz-, Mittel- und Langstreckenflüge im Passagier- oder Frachtverkehr offen. Zum Erreichen dieses Berufszieles sind unter anderem ein starker Wille, eine hohe Eigenverantwortung, eine gute Selbsteinschätzung und eine große Portion Freude, ohne die der harte Ausbildungsverlauf nicht zu bewältigen wäre, nötig. Fliegen ist eine Tätigkeit, die auch für die meisten langjährigen Pilotinnen und Piloten ein absoluter Traumberuf geblieben ist.

Einschulung auf dem Flugzeugtyp

Nach Beendigung der Grundausbildung wird eine verpflichtende Typenschulung (engl. *type rating*) auf dem jeweiligen Flugzeugmuster absolviert. Durch diese weiterführende Ausbildung spezialisieren Sie sich meist auf einen Hersteller (zum Beispiel Airbus, Boeing, Bombardier, Embraer, Tupolew, etc.) und hier in der Regel auf einen bestimmten Typ oder eine Typenfamilie (beispielsweise auf die Airbus-A320-Familie mit den Typen A318/319/320/321 oder auch auf die Boeing B737-Serie, etc.).

Eine Typenschulung dauert im Schnitt acht Wochen, abhängig vom inhaltlichen Ausbildungspaket einer Fluggesellschaft. Während dieser Zeit durchläuft die Cockpitbesatzung eine harte und intensive Einschulung. Einen wesentlichen Bestandteil dabei bilden Flugsimulatoren, die dem Cockpit des jeweiligen Flugzeuges detailgetreu nachempfunden sind. Diese Trainingsgeräte bieten die Möglichkeit, praxisrelevante Flugübungen und das Verhalten bei etwaigen Systemausfällen effizient und ohne Gefährdung zu erlernen.

Die Ausbildung im theoretischen Teil vermittelt die Kenntnisse aller Systeme, der technischen Leistung des Flugzeuges sowie der fachgerechten Nutzung. Am Ende steht eine verpflichtende theoretische und praktische Prüfung in allen Bereichen. Bevor die Fluglizenz ausgestellt wird, muss zusätzlich ein Landetraining mit einem echten Flugzeug erfolgen. Bei diesem Flug dürfen jedoch keine Passagiere an Bord sein.

Piloten kehren übrigens alle sechs Monate zu diesen Simulatoren zurück. Durch diese wiederkehrenden Überprüfungen können sie ihre Flugberechtigung am jeweiligen Flugzeugtyp erhalten. Die Kompetenzfeststellung wird durch einen Flugprüfer im Auftrag der Luftfahrtbehörde durchgeführt, bei der zugleich die Einhaltung der festgelegten Standards überwacht werden.

Wer fliegt, Kapitän oder Co-Pilot?

Im Cockpit moderner Verkehrsmaschinen hat funktionierende Teamarbeit oberste Priorität. Für jede Phase des Fluges ist daher im Vorhinein festgelegt, wer welche Arbeitsschritte übernimmt. Während einer der beiden Piloten das Flugzeug fliegt, kümmert sich der andere beispielsweise um die Überwachung der Instrumente sowie um den Sprechfunkverkehr mit dem jeweiligen Fluglotsen. Nach jedem Flug wechseln sich die Flugzeugführer ab, das heißt, mal werden Sie vom Kapitän (Kommandant) und mal vom Ersten Offizier (Co-Pilot) an Ihr Ziel gebracht. Beide haben eine vollwertige Pilotenausbildung und können das Flugzeug notfalls im

Alleingang fliegen. Ein Unterschied zwischen den Piloten liegt im Verantwortungsbereich, der durch den jeweiligen Dienstgrad vorgegeben ist. Im Regelfall hat der Kapitän mehr Flugerfahrung und verfügt über die letztgültige Entscheidungsgewalt an Bord. Mit diesen zusätzlichen Rechten kann er Maßnahmen anordnen, die für die Aufrechterhaltung der Sicherheit aller Fluggäste, der Besatzungsmitglieder, der gesamten Fracht an Bord und des Flugzeuges selbst notwendig sind.

Unabhängig vom Dienstgrad stehen sowohl dem Kapitän als auch dem Ersten Offizier Fort- und Weiterbildungsmöglichkeiten offen. Wer die Voraussetzungen erfüllt, kann eine Lizenz als Fluglehrer und später als Prüfer erhalten. Auch die Funktion als Checkpilot, der für die Einhaltung interner Trainings- und Qualitätsstandards zuständig ist, kann eine berufliche Perspektive sein. Ebenfalls möglich sind Positionen im flugbetrieblichen Management wie etwa in der Flugbetriebs- oder Flottenleitung sowie als technischer oder Sicherheitspilot.

Außergewöhnliche Flughäfen

Grundsätzlich darf jeder nationale wie internationale Verkehrsflughafen angeflogen werden, sofern keine anderslautenden Bestimmungen dies verweigern, wie es beispielsweise bei privaten oder militärischen Flugplätzen der Fall ist.

Vonseiten der Luftfahrtbehörden werden Flughäfen nach verschiedenen Aspekten kategorisiert. Nicht jeder ist nachtflugtauglich oder erlaubt einen durchgehenden 24-Stunden-Betrieb. Durch die unterschiedlichen geografischen Gegebenheiten sind sie außerdem in Schwierigkeitsgrade eingeteilt. In vielen Fällen sind es Berge oder Naturschutzgebiete, die ein abweichendes Verfahren bei An- und Abflügen nötig machen. Manche dieser Orte erfordern vorab eine Einschulung am Flugsimulator, bevor beispielsweise Innsbruck in Österreich, Sion in der Schweiz, Kathmandu in Nepal, Seletar in Singapur oder Aspen in den USA angeflogen werden dürfen.

Gelegentlich kommt-es aufgrund lokaler Wetterbedingungen oder aus Lärmschutzgründen zu Einschränkungen des Flugbetriebes. Zum Beispiel dürfen am Flughafen London City in Großbritannien nur jene Flugzeugtypen landen, mit denen ein deutlich steilerer Anflugwinkel möglich ist, um die Menschen, die im Stadtzentrum wohnen, zu schonen.

Bei besonders schwierig anzufliegenden Flughäfen kümmert sich die Trainingsabteilung einer Fluglinie vorab um die entsprechende Einweisung ihrer Piloten. Während des Fluges selbst unterscheidet sich die Vorbereitung der Landung allerdings nicht, denn egal wohin geflogen wird, der Cockpitbesatzung stehen immer An- und Abflugkarten für eine präzise Navigation zur Verfügung.

Sicherheit & Wohlfühlen

Wie sicher ist Fliegen?

Jährlich steigt die Anzahl der Flugbewegungen und ein Passagier-rekord folgt dem nächsten. Fliegen ist mit Abstand das sicherste Massenverkehrsmittel und dennoch haben viele Reisende Sorge, in ein Flugzeug zu steigen. Das ist verständlich, da bei einem Flug zahlreiche Stress- und Angstfaktoren zusammenkommen. Die allermeisten beruhen allerdings auf falschen Annahmen, fehlenden oder irreführenden Informationen. Wenn Sie Ihre Bedenken loswerden möchten, sollten Sie sich genauer mit ihnen beschäftigen. Umfangreiches Wissen hilft dabei, ein besseres Verständnis der Sicherheit im Flugverkehr zu erhalten.

Nachrichten und Meldungen über ein Flugzeugunglück lösen eine andere Sensibilität aus als Unfälle im Straßenverkehr. Beides kann jedoch schreckliche Ausmaße erreichen. Die Wahrscheinlichkeit, dass Sie jemanden kennen, der auf der Straße verunglücken wird, ist um ein Vielfaches höher, als dass Sie jemanden kennen, der im Flugzeug ums Leben kommen wird. Da scheint es fast ein wenig paradox sich als Führerscheinbesitzer vor dem Fliegen zu fürchten. Doch das Autofahren ist viel vertrauter, da Sie täglich selbst am Straßenverkehr teilnehmen, auch wenn Sie als Fußgänger oder mit dem Bus unterwegs sind. Man kennt die Regeln und hat dadurch die Möglichkeit mitzureden. Der Gedanke jederzeit anhalten zu können und selbst (scheinbar) die Kontrolle zu besitzen, bringt ein Sicherheitsgefühl mit sich.

Beim Fliegen sind diese Voraussetzungen nicht gegeben. Wahrscheinlich verfügen auch Sie nicht über ausreichendes technisches Hintergrundwissen, um ein zufriedenstellendes Sicherheitsempfinden aufzubauen. Dazu kommt das Gefühl des Kontrollverlustes, da Sie zwei fremden Menschen im Cockpit Ihr Leben anvertrauen müssen. All die persönlichen Ängste können einem die Freude an der Luftfahrt verderben. Wie sicher das Fliegen tatsächlich ist, bringen ein paar Daten ans Licht.

Im Jahr 2005 wurden erstmals mehr als 2 Milliarden Flugreisende transportiert, zwölf Jahre später bereits doppelt so viele. Die mehr als 4 Milliarden Fluggäste verteilten sich auf knapp 42 Millionen kommerzielle Flüge innerhalb eines Jahres. Auf dem gesamten Globus stiegen 2017 statistisch betrachtet mehr als 7.500 Menschen pro Minute in ein Flugzeug. Daraus ergeben sich knapp 500.000 Passagiere, die gleichzeitig flogen, immer und überall.

Bei der Gegenüberstellung von Unfällen mit Todesfolge weisen die Luftfahrt und der Straßenverkehr einen deutlichen Unterschied auf. Im Jahr 2017 starben weltweit mehr als 1,35 Millionen Menschen auf der Straße. Dies entspricht der traurigen Zahl von etwa 3.500 Personen täglich. Somit verlor alle 24 Sekunden ein Mensch sein Leben. Vergleichsweise gering erscheint dazu die Anzahl der im Flugverkehr tödlich Verunglückten. Im Vergleichszeitraum waren es in Summe rund 50 Personen, die an den Folgen eines Flugzeugunglücks zu Tode kamen. Umgerechnet entspricht dies weniger als einem Flugzeugtoten pro Woche.

In der Luftfahrt gibt es das Sprichwort: »Das Gefährlichste am Fliegen ist die Autofahrt zum Flughafen.« Wer mit dem Auto sicher ankommt, hat den riskantesten Teil bereits hinter sich gelassen.

Kosmische Strahlung

Unser Heimatplanet ist ununterbrochen energiereichen geladenen Teilchen aus dem Weltall ausgesetzt. Die Aktivitäten der Sonne haben dabei direkten Einfluss auf deren Intensität. Auf ihrem Weg durch unsere atmosphärischen Schichten verliert die kosmische Strahlung kontinuierlich an Stärke. Doch selbst ohne in ein Flugzeug zu steigen, können wir uns einer gewissen Grundstrahlung nicht entziehen. Nicht nur in großen Höhen, auch auf der Erdoberfläche sind wir Menschen einer permanenten, natürlich vorkommenden radioaktiven Strahlenbelastung ausgesetzt. Die Einheit einer Dosis wird in Sievert (Sv) gemessen und üblicherweise in Millisievert (mSv) angegeben.

Die durchschnittliche Grundstrahlung am Boden liegt in Zentraleuropa bei 2,5 bis 3,0 Millisievert. Wie viel natürlicher Strahlung ein Mensch tatsächlich ausgesetzt ist, hängt von verschiedenen Aspekten ab. So haben beispielsweise neben den Baumaterialien des eigenen Hauses und den Lebensmitteln des täglichen Bedarfs auch die beruflichen Tätigkeiten und die Lebensgewohnheiten einen Einfluss auf diesen Wert.

Flugpassagiere sind im Allgemeinen sehr kleinen Mengen zusätzlicher kosmischer Strahlung ausgesetzt. Die genaue Dosis ist von der Reiseflughöhe, der Flugroute, der Flugdauer und den sich täglich ändernden atmosphärischen Basiswerten abhängig. Schon eine um 600 Meter niedrigere Flughöhe sorgt für eine geringere Strahlenbelastung.

Aufgrund des Magnetfeldes der Erde erhöht sich die abschirmende Wirkung der kosmischen Strahlung entlang des Äquators, die Strahlendosis ist bei Flügen in diese Regionen also weit niedriger. Umgekehrt nimmt die Belastung in Richtung der Polarkappen zu, da die Abschirmung in diesen Gebieten nachlässt. Ein Flug aus den Vereinigten Arabischen Emiraten nach Mauritius hat demnach einen geringeren Strahlenwert als ein Flug von Japan nach Kanada.

Die Strahlenbelastung eines Langstreckenfluges von den USA nach Europa beträgt etwa 0,05 Millisievert. Fliegt man diese Strecke wieder retour, ist der Wert mit dem Röntgen der Lungen beim Facharzt vergleichbar. Erhöht man die Anzahl auf zwanzig Transatlantiküberquerungen innerhalb von zwölf Monaten, entspricht die Dosis der jährlich verursachten Radioaktivität, der eine stark rauchende Person durch ihren eigenen Zigarettenkonsum ausgesetzt ist.

Seltene oder gelegentliche Flugreisen gelten für den menschlichen Körper als unbedenklich. Bei einer Flugzeit von drei Stunden kommt man im Kurz- und Mittelstreckenbereich auf eine durchschnittliche Belastung von 0,02 Millisievert. Mehr als dreihundert derartige Flüge pro Jahr wären notwendig, um die gleiche Strahlungsmenge wie bei einer Computertomographie im Brustbereich (circa 6 Millisievert) abzubekommen.

Beruflich viel fliegende Menschen und die Flugzeugcrew zählen dagegen zu einem Personenkreis, der der kosmischen Strahlung viel häufiger ausgesetzt ist. Durchschnittlich liegt die zusätzliche Strahlenbelastung in diesen Berufsgruppen pro Jahr bei ungefähr 5 Millisievert. Bei regelmäßigen Langstreckenflügen entlang der polaren Routen ist diese Strahlungsmenge mit jener vergleichbar, der medizinisches, wissenschaftliches sowie technisches Personal ausgesetzt ist, das mit radioaktiven Materialien arbeitet.

Zum Schutz des fliegenden Personals gilt die allgemeine Höchstgrenze von 20 Millisievert zusätzlicher Strahlenbelastung pro Jahr. Dass ein Crewmitglied sich diesem Höchstwert annähert, gilt als äußerst unwahrscheinlich.

Zu viel an kosmischer Strahlung ist für den menschlichen Körper ungesund. Deswegen sollten potenzielle Gefahren keinesfalls verharmlost werden. Allerdings ist übersteigerte Angst ebenfalls nicht angebracht. Vielmehr hilft eine Sensibilisierung im Umgang mit der natürlichen Strahlkraft unseres Planeten. In einem vernünftigen Ausmaß lassen sich so weiterhin alle Flugreisen genießen.

Bei einem unerwarteten Zwischenfall

Von den Passagieren werden sie zumeist kaum beachtet oder gar als Störfaktor empfunden. Gemeint sind die Sicherheitsvideos beziehungsweise die Sicherheitsdemonstrationen zu Beginn des Fluges durch die Kabinenbesatzung an Bord. Dabei kann es lebensrettend sein, bei den ohnehin kurzen Anweisungen konzentriert hinzuhören und aktiv zuzusehen. Bei einem unerwarteten Zwischenfall sind die ersten Sekunden oft entscheidend.

Sobald das Anschnallzeichen erlischt, legen viele Fluggäste ihre Sitzgurte ab. Da jedoch jederzeit Turbulenzen auftreten können, ist es ratsam, während des gesamten Fluges angeschnallt sitzen zu bleiben. Aber deswegen muss es noch lange nicht ungemütlich werden. Liegt der Gurt locker um die Hüfte, so ist dies zum Schutz völlig ausreichend. Bei ruhigen Flugverhältnissen spricht nichts dagegen, wenn Sie die Toiletten aufsuchen oder sich kurz die Beine im Gang vertreten. Allerdings gehen immer mehr Fluggesellschaften dazu über, aus Haftungsgründen eine Anschnallpflicht zu verhängen. Diese gilt während des gesamten Fluges, unabhängig davon, ob das Anschnallzeichen erscheint oder nicht. Sie als Fluggast sind dann mit dafür verantwortlich, bei Turbulenzen keinen Schaden zu nehmen.

In zahlreichen Evakuierungsübungen versuchen Flugzeughersteller wie auch Fluggesellschaften unterschiedliche Notfälle zu testen. Die daraus gewonnenen Erkenntnisse haben nicht nur Einfluss auf zukünftige Sicherheitseinweisungen, sondern auch auf die Produktion und die Zulassungsprozesse eines neuen Maschinentyps. Diese Übungen werden hauptsächlich in einem sogenannten *Mock-up* durchgeführt, das nichts anderes als das Demonstrationsmodell eines Flugzeuges ist. In dieser Attrappe wird ein Großschadensereignis wie beispielsweise eine Notlandung im Wasser oder eine Evakuierung simuliert. Wie im Ernstfall werden die Passagiere angehalten die Schwimmwesten anzulegen, bei Dunkelheit den Leuchtstreifen zum nächstgelegenen Notausstieg zu folgen, diesen zu öffnen und mittels Notrutsche das nachgebaute Flugzeug zu verlassen.
Diese Testreihen bringen jedoch die wiederkehrende und besorgniserregende Erkenntnis hervor, dass nur eine geringe Anzahl der Teilnehmenden in der Lage ist, die Sicherheitsanweisungen ordnungsgemäß umzusetzen. Überraschenderweise schneiden Vielflieger hierbei keineswegs besser ab als Erst- oder Gelegenheitsflieger.

Maßgeblich für den Erfolg der Übungen ist stets die Frage, welche Notwendigkeit eine Person den zu Beginn dargelegten Anweisungen beimisst. Wie viel Aufmerksamkeit der Sicherheitsdemonstration geschenkt wird, beeinflusst demnach den positiven Ausgang einer Notsituation entscheidend mit.

Fluglinien wissen über diese Tatsache bestens Bescheid. Generell wird darauf geachtet, die wichtigsten Abläufe mit sorgfältig ausgewählten Signalwörtern kompakt und möglichst einfach darzustellen. Einige Unternehmen versuchen, das Interesse ihrer Fluggäste durch innovative Videos zu wecken.

Nicht jede Anweisung über den Lautsprecher ist auf Anhieb nachvollziehbar und sorgt deshalb teilweise für Unmut. So werden Sie bei Start und Landung gebeten, Ihre Sitzlehnen senkrecht zu stellen und die Tische vor Ihnen hochzuklappen. Solche Regeln an Bord haben einen wichtigen Grund: Kommt es zu einem Notfall, kann der kleine Tisch Verletzungen im Bauchbereich hervorrufen. Zudem werden Sie bei einer drohenden Notlandung aufgefordert, die Sicherheitsposition (engl. *brace-position*) einzunehmen, bei der Sie Ihren Körper fest zwischen den Sitzreihen einklemmen sollen. Den für diese Körperhaltung nötigen Platz haben Sie aber nur dann, wenn die Person vor Ihnen die Rückenlehne in eine aufrechte Position gebracht hat.

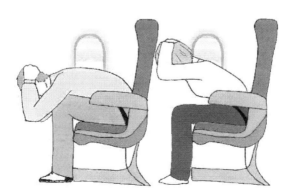

107

Die Sitzplätze in den Notausgangsreihen sind unter den Reisenden recht beliebt, da sie mehr Beinfreiheit haben als die meisten anderen Plätze in der *Economy Class*. Doch nicht jeder darf dort sitzen. Die Kabinenbesatzung wird angehalten darauf zu achten, dass niemand diese Sitzgelegenheiten einnimmt, der im Fall einer Evakuierung selbst Unterstützung benötigen würde. Dazu zählen Kinder, Schwangere und alle, die durch Krankheit oder aus Altersgründen eingeschränkt mobil sind.

Bei ihrem Gang durch die Reihen prüfen die Flugbegleiterinnen und Flugbegleiter gewissenhaft, ob der Weg zu den Notausgängen frei zugänglich ist, ganz gleich wie unpraktisch das für Sie sein mag. Die Notausstiegsreihen dürfen nicht von Handgepäck oder herumliegenden Jacken versperrt sein. Im Ernstfall kann der Notausstieg die einzige Möglichkeit zum Verlassen des Flugzeuges sein.

Bei Start und Landung wird verlangt, die Fensterblende stets offen zu halten. Durch diese Maßnahme können sowohl Sie als auch die Kabinenbesatzung in einer Gefahrensituation ungehindert nach außen sehen und sich damit einen Überblick über die Lage verschaffen. Aus demselben Grund wird das Licht in der Kabine bei Dämmerungs- und Nachtflügen ausgeschaltet oder gedimmt. Die Augen können sich dadurch besser an die natürlichen Lichtverhältnisse gewöhnen und auch die Leuchtstreifen zu den Notausgängen können rascher wahrgenommen werden.

Fluggesellschaften weisen bei ihren Sicherheitsdemonstrationen darauf hin, dass im Falle einer Evakuierung jegliches Handgepäck an Bord verbleiben muss. Kommt es tatsächlich zu einer Notsituation, würde durch dessen Mitnahme entscheidende Zeit verstreichen. Der rettende Weg nach draußen könnte für Sie selbst und für Ihre Mitreisenden erschwert, im schlimmsten Fall sogar versperrt werden. Deshalb müssen persönliche Gegenstände in der Flugzeugkabine zurückgelassen werden. Materielle Güter sind ersetzbar, der Mensch ist es nicht.

Kollisionen vermeiden

In Sachen Unfallverhütung ist die Luftfahrtbranche der Automobilindustrie einen klaren Schritt voraus. Während die Entwicklung von Kollisionswarnsystemen für den Straßenverkehr andauert, ist diese Technik im Luftverkehr seit Jahren erfolgreich im Einsatz.

Das sogenannte *Traffic Alert and Collision Avoidance System* (kurz TCAS) ist in jedem Verkehrsflugzeug eingebaut und kommuniziert mit anderen Maschinen in seiner Nähe. Auf einem Bildschirm im Cockpit werden alle Flugzeuge in einem bestimmten Radius dargestellt. Sollten sich zwei Maschinen gefährlich nahekommen, löst das System einen Alarm aus und die Piloten können rechtzeitig reagieren. Sie bekommen einen Flugweg angezeigt, auf dem ein gefahrloses Ausweichmanöver möglich ist. Das TCAS legt fest, welches Flugzeug steigen soll und welches zum Sinkflug aufgefordert wird. Die Systeme sind besonders an stark frequentierten Kreuzungspunkten hilfreich und vermeiden Zusammenstöße zuverlässig und effektiv.

Sicherheits- oder Notlandung?

Immer wieder liest oder hört man in Medienberichten von Notlandungen. Dies klingt im ersten Moment sehr dramatisch, jedoch sind viele dieser »Notlandungen« in Wahrheit Sicherheitslandungen.

Tritt während des Fluges ein Zwischenfall ein, der aber keine akute Notlage ist (zum Beispiel die Fehlermeldung eines Systems), wird das Ausmaß der Störung von der Cockpitbesatzung umgehend überprüft und mögliche Risiken abgeschätzt. Da die Sicherheit aller Menschen an Bord über den wirtschaftlichen Überlegungen der Fluglinie steht, reicht schon die reine Annahme eines Problems aus, um den Flug zu unterbrechen und eine außerplanmäßige Landung durchzuführen. In solchen Fällen spricht man von einer Sicherheitslandung.

Im Gegensatz dazu steht der Begriff Notlandung für eine Flugunterbrechung aufgrund einer tatsächlichen, akuten Notlage an Bord, die einen Weiterflug unmöglich macht. Dies können grobe technische Defekte, Rauchentwicklung in Kabine oder Cockpit, aber vor allem medizinische Notfälle sein.

Mit dem Notruf »Mayday, Mayday, Mayday« wird sowohl gegenüber anderen Flugzeugen als auch gegenüber den Fluglotsen der Notfall deklariert. Daraufhin bekommt die betroffene Maschine sofortige Priorität im Funkverkehr sowie beim Anflug- und Landeverfahren. Ist das Ansteuern des nächstgelegenen Flughafens unmöglich, verbleibt als letzte Option die Landung im freien Gelände oder auf dem Wasser.

Im Zweifelsfall: Durchstarten

Als Durchstarten (engl. *go-around*) wird die bewusste Unterbrechung des Landevorgangs bezeichnet. Dieser Abbruch kann während des Anfluges eingeleitet werden, wenn die Voraussetzungen für eine sichere Landung nicht mehr gegeben sind. In der Luftfahrt gilt ein Durchstartmanöver nicht als Gefahrensituation, da es dem vorgeschriebenen Ablauf entspricht, wenn keine ordnungsgemäße Landung möglich ist. Durchstartmanöver werden regelmäßig trainiert und stellen für die Piloten somit eine Routinesituation dar.

Ungünstige Wetterverhältnisse zählen zu den häufigsten Gründen dafür, dass eine Landung abgebrochen werden muss. Gelegentlich überschreitet die Stärke des Bodenwindes die zulässige Belastungsgrenze des Flugzeuges. Auch unzureichende Sicht nach Außen kann ein Auslöser sein, da die Landebahn zu einem definierten Zeitpunkt während des Anfluges visuell identifiziert werden muss. Ist das beispielsweise aufgrund von Starkregen oder Schneefall nicht möglich, so ist ein Durchstartmanöver zwingend erforderlich.

Ein weiterer Grund liegt in der Staffelung zwischen startenden und landenden Maschinen. Damit der Verkehrsfluss erhalten bleibt, reihen die Fluglotsen der Flugverkehrskontrolle ungleich schnelle Flugzeuge aneinander. Diese Staffelung ist eine tägliche Herausforderung, da neben unterschiedlichem Verkehrsaufkommen ebenfalls die aktuellen Wetterdaten, die Tageszeit sowie vorausfliegende Luftfahrzeuge beachtet werden müssen. Der Fluglotse ist für die Einhaltung eines Mindestabstandes zur vorderen Maschine verantwortlich. Neben dem Vermeiden von Kollisionen ist das wichtig, da landende Flugzeuge Luftverwirbelungen verursachen, die die folgende Maschine in ihrem Landeanflug stören können.

Ein Durchstartmanöver wird von den meisten Menschen als unangenehm empfunden. Das Aufheulen der Triebwerke kann in der sonst ruhiger werdenden Flugphase erschreckend wirken, da dieses Geräusch eher beim Start erwartet wird, nicht jedoch vor der Landung. Die Piloten wissen, dass sich ihre Passagiere in solchen Momenten ängstigen und auf baldige Information hoffen. Doch zunächst gilt die Konzentration dem auszuführenden Manöver. Tatsächlich ist das Durchstarten mit dem normalen Vorgang beim Abflug vergleichbar. Erst danach kann die Cockpitcrew mittels Lautsprecheransage sowohl über den Grund als auch über das weitere Vorgehen informieren.

Ist ein Durchstartmanöver aufgrund von Schlechtwetter erfolgt, werden Warteschleifen in Erwägung gezogen. Sobald sich die Wettersituation verbessert, wird ein zweiter Anflug gestartet. Die Fluglotsen nehmen das Flugzeug erneut in ihre Staffelung auf und begleiten es am Radar bis zur endgültigen Landung.

Harte oder sanfte Landung?

Eine sanfte, fast unmerkliche Landung gilt unter Flugpassagieren gemeinhin als wünschenswert und wird dementsprechend mit Lob und positiven Beurteilungen gewürdigt. Ein hartes Aufsetzen hingegen wird umgehend mit Kritik versehen: »So eine schlechte Landung, das kann nur der Co-Pilot gewesen sein.« Oder: »Der Pilot hat wohl noch nicht viel Erfahrung, so hart wie er gelandet ist.« Auch lustig gemeinte Aussagen wie: »Wir haben zwar nur eine Landung bezahlt, aber zwei bekommen«, sind zu hören.

Doch wie beurteilen Piloten ihre Landungen selbst? Diese Antwort könnte überraschen. Für die Cockpitbesatzung ist nur eine Art von Landung wichtig: die sichere. Es geht nicht darum, ob sie sich sanft anfühlt oder nicht. Gefahrlos zu landen bedeutet, zunächst mit dem Hauptfahrwerk aufzusetzen und danach das Bugfahrwerk zum Boden zu führen. Die Tragflächen werden in horizontaler Linie gehalten, damit ihre Enden nicht die Landebahn berühren. Bereits unmittelbar nach dem Aufsetzen gilt die Konzentration dem Bremsmanöver.

Bei hochfrequentierten Flughäfen sollte die Landebahn so schnell wie möglich wieder verlassen werden, damit sofort die nächste Maschine starten oder landen kann. Auch von der Länge der Landebahn hängt die Art und Weise des Bremsmanövers ab, um bei kurzen Bahnen trotzdem rechtzeitig zum Stehen zu kommen. Ist die Landebahn besonders kurz, bleibt nicht viel Zeit die Räder auf den Erdboden zu bekommen. Eine härtere Landung ist demnach oftmals vorab geplant und notwendig.

Es gibt Situationen, wie zum Beispiel schlechtes Wetter, in denen ein sanftes Aufsetzen mitunter gefährlich wäre. Ist die Landebahn durch Regen mit stehendem Wasser bedeckt, herrscht akute Aquaplaning-Gefahr. Bei einer harten Landung wird das Wasser durch das Fahrwerk weggedrückt und dieses schwimmt nicht so leicht auf, wie es bei einer sanften der Fall wäre. Die Reifen erhalten dadurch rasch die Bodenhaftung und eine sichere Landung ohne Kontrollverlust ist möglich.

Applaus nach der Landung

Beifall kann verschiedene Emotionen transportieren und in unterschiedlichen Situationen zum Einsatz kommen. So drücken wir Freude über eine besonders gelungene Rede mit Applaus aus, zollen künstlerischen Darbietungen Anerkennung oder bekunden unsere Zustimmung bei politischen Debatten.

Weniger üblich ist es, Tätigkeiten zu beklatschen, die als alltäglich oder unspektakulär wahrgenommen werden. Genau dies ist der Grund dafür, dass der Applaus nach der Landung verschiedenartige Reaktionen hervorruft. Während die einen den Berufsstand der Flugbegleiter und Piloten als gewöhnlich betrachten, sehen andere darin eine eindrucksvolle Arbeit.

Zumeist sind es Vielflieger, die mit dem gespendeten Beifall wenig anfangen können. Sie verwenden das Flugzeug häufig als Transportmittel und hatten daher Zeit, sich an die Abläufe, Geräusche und Empfindungen zu gewöhnen. Die Reaktionen gegenüber in die Hände klatschenden Gelegenheitsfliegern reichen demnach von Verständnis über berührte Peinlichkeit bis hin zur Abgrenzung. Während die einen Fluggäste das Klatschen im Normalbetrieb als völlig übertrieben betrachten, möchten andere die Leistungen der Crew hörbar honorieren oder lassen sich durch den Beifall anderer mitreißen.

Doch geht es beim Applaus meist gar nicht um das Flugpersonal. Vielfach zeigt sich darin die Erleichterung erneut Boden unter den Füßen zu haben. Und das betrifft nicht nur Passagiere mit Flugangst. Eine ungewohnte Situation kann bei jedem Flugreisenden eine innere Anspannung auslösen, die mit der Landung abfällt, was wiederum durch das Klatschen zum Ausdruck gebracht wird. Nach einem turbulenten Flug macht die Erleichterung auch vor den Reihen in der *Business Class* nicht Halt und der ein oder andere Vielflieger hat sich schon zu Beifall hinreißen lassen.

Doch es gibt auch jene Tage, an denen wenig zu funktionieren scheint. Eine Wettererscheinung oder technische Schwierigkeiten lassen den Flug später starten als geplant. Die Kabinenbesatzung kennt die Ärgernisse der Passagiere und lässt nichts unversucht, um die Situation so erträglich wie möglich zu machen. Hilfreiche und außergewöhnliche Leistungen, die über den »Dienst nach Vorschrift« hinausgehen, werden vereinzelt durch Applaus anerkannt.

Doch wie sehen es jene, die der Beifall betrifft? Ob aus Sorge, Anspannung, Erleichterung oder gar aus purer Herzenslust geklatscht wird, in der Regel freut sich die Flugzeugbesatzung über den Beifall. Gegen ein Zeichen der Anerkennung ist nichts einzuwenden, so etwas schmeichelt der Crew natürlich. Erwartet wird das Klatschen nach der Landung aber definitiv nicht. Dafür ist die berufliche Tätigkeit für das fliegende Personal zu alltäglich. Piloten erfahren manchmal erst später von ihren Kollegen in der Kabine, dass nach der Landung geklatscht wurde. Je nach Flugzeugtyp ist der Applaus im Cockpit entweder gar nicht oder nur leise wahrzunehmen.

So unterschiedlich dieses Thema auch betrachtet wird, klar ist, dass das herzliche Dankeschön eines zufriedenen Fluggastes eine wunderschöne Geste ist, die wohl jedes Crewmitglied gerne jederzeit entgegennimmt.

LUFTPOST

Erfahre mehr über die
spannenden Themen Fliegen,
Luftfahrt und Reisen.

Bleibe auf dem Laufenden und
>> *get ready for take-off* <<

✓ Neuerscheinungen
✓ Exklusive Leseproben
✓ Reise-Empfehlungen
✓ Insiderwissen rund ums Fliegen

>> *Willkommen an Bord* <<
www.checkpilot.com/de/Newsletter/

Widmung

Meiner liebenswerten Frau Bianca danke ich von Herzen für ihre Geduld, die sie während der Entstehung dieses Buches mit mir hatte. Ohne ihre einfühlsame Unterstützung und ihr Feedback wäre dieses Werk nicht zustande gekommen. Ihr Weitblick und ihre inspirierenden Worte sind es, die mich immer wieder von Neuem motivieren.

Mein aufrichtiger Dank gilt zudem meiner gesamten Familie sowie all meinen Freunden, auf deren Rückhalt ich mich immerwährend verlassen kann. Ihre helfenden Hände und ihre wertvollen Ratschläge geben mir die Möglichkeit, Ziele zu verwirklichen und dabei neue Grenzen zu überwinden.

Meine Wertschätzung richtet sich auch an jene Menschen, die zum Inhalt dieses Buches direkt oder indirekt beigetragen haben. Darunter alle, die mir bereits ein Berufsleben lang zahlreiche flugrelevante Fragen stellen, und die mich nach wie vor mit ihrem Wissensdurst auf Trab halten.

Dankeschön!

Über den Autor

Hans-Georg Rabacher, Jahrgang 1982, ist Berufs- und Linienpilot, Unternehmer und Autor. Er entdeckte im Kindes- und Jugendalter seine Liebe zur Luftfahrt. Als Pilot steuert er regelmäßig internationale Ziele an und blickt auf langjährige Erfahrungen mit vielen unterschiedlichen Flugzeugtypen zurück, darunter der exklusive Privat- und Businessjet »Bombardier Challenger 350« sowie Passagierflugzeuge der Airbus-A320-Familie.

Im Verlauf seiner fliegerischen Karriere arbeitete er als Fluglehrer in verschiedenen Ausbildungsbetrieben, davon sechs Jahre lang im Management einer der größten Flugschulen Mitteleuropas. Als Mitglied im Auswahlkomitee einer Airline war er in die fachliche Beurteilung des angehenden Cockpitpersonals eingebunden.

Sein Wissen und die Begeisterung für das Fliegen gibt der Autor in der Berufsberatung an junge Menschen weiter. Neben seiner Funktion als Checkpilot ist er bis heute als Lehrer und Vortragender in der Ausbildung von Flugbegleitern, Privat- und Berufspiloten sowie angehenden Fluglehrern tätig.

Quellenverzeichnis

www.security-label.de/baggage-tag/
www.aiaa.org/about/History-and-Heritage/History-Timeline
www.lilienthal-museum.de/olma/soest.htm
www.lilienthal-museum.de/olma/wright.htm

www.aerospace.honeywell.com/content/dam/aero/en-us/documents/
learn/products/recorders-and-transmitters/datasheet/N61-2083-000-
000_HCR-25-datasheet.pdf
www.atsb.gov.au/media/4793913/Black%20Box%20Flight%20Recor-
ders%20Fact%20Sheet.pdf

www.timetableimages.com/ttimages/aerom.htm
https://en.wikipedia.org/wiki/In-flight_entertainment
www.imagikcorp.com/brief-history-flight-entertainment/
www.lufthansagroup.com/en/themes/flynet.html

www.boeing.com/news/frontiers/archive/2011/september/cover.pdf

www.airships.net/blog/worlds-first-flight-attendant/
www.worldhistory.us/american-history/ellen-church-the-first-flight-
attendant.php

www.iata.org/publications/pages/annual-review.aspx
www.iata.org/pressroom/facts_figures/fact_sheets/Documents/
fact-sheet-safety.pdf
www.icao.int/safety/iStars/Pages/Accident-Statistics.aspx
www.who.int/violence_injury_prevention/road_safety_status/2018
www.who.int/ith/mode_of_travel/tcd_aircraft/en/

www.bundestag.de/resource/blob/514148/81e5885cc3de
1721c0681d18c7636006/WD-8-018-17-pdf-data.pdf
www.bfs.de/DE/themen/ion/umwelt/luft-boden/flug/flug.html
https://odlinfo.bfs.de/DE/themen/was-ist-odl/strahlenbelastung-
vergleich.html
www.gov.uk/government/publications/ionising-radiation-dose-
comparisons/ionising-radiation-dose-comparisons

www.istockphoto.com ID: 1173904559

Abruf aller Quellen zuletzt am 20.03.2020